JN106536

THE STARFISH AND THE SPIDER

ヒトデ型組織はなぜ強いのか

オリ・ブラフマン
ロッド・A・ベックストローム［著］
大川修二［訳］
伊藤守［監修］

The Starfish and The Spider
The Unstoppable Power of Leaderless Organizations
by Ori Brafman and Rod A. Beckstrom

This edition published by arrangement with Portfolio,
an imprint of Penguin Publishing Group,
a division of Penguin Random House LLC,
through Tuttle-Mori Agency, Inc., Tokyo

絶対に本を書くべきだと言って
譲らなかったアリフへ、

そして、われわれを支えてくれた
家族と友人たちへ

目次

はじめに　4

第1章　MGMの失策とアパッチ族の謎　11

第2章　クモ、ヒトデ、インターネットの社長　35

第3章　ヒトデだらけの海　73

第4章　5本の足で立つ　107

第5章　触媒の秘めたる力　139

第6章 分権型組織との対決 173
第7章 コンボ・スペシャル：ハイブリッド型組織 209
第8章 スイートスポットを探して 237
第9章 新しい世界 259
エピローグ 274
注釈 281
謝辞 292
監修者あとがき 296
索引 307

はじめに

そのゲームは、あの『ウォーリーをさがせ！』によく似ていた。ただし、プレイしていたのは子どもたちではなく、世界屈指の神経科学者たちだった。ターゲットもウォーリーではない。髪をカールしたセーター姿のおばあさん、それも各プレイヤー自身のおばあさんを、めいめいが探し続けていた。

神経科学者たちは、ある質問——最初は、すぐに答えが見つかりそうに思われた質問——に答えようとしていたのだ。人は誰しも記憶をもっている。初めて学校に行った日の記憶、おばあさんの記憶、などなど。ところで、こうした記憶はいったいどこにしまわれているのだろうか——これがその質問だった。やがて彼らが見出す結論は、生物学上の謎に留まらず、世界中のあらゆる産業や国際テロ、世界各地のさまざまな共同体に秘められた謎を解き明かすことになるのだが、このときはまだ誰もそのことを知る由もなかった。

科学者たちは長きにわたって、人間の脳は複雑な機械と同じく、トップダウン構造を備えているのではないかと考えてきた。確かに、一生にわたる記憶を貯蔵し管理するためには、脳が命令系統を備えている必要がある。統括しているのは海馬という器官で、その管理下に特定の記憶を貯蔵する神経細胞がある。人が何かを思い出せるのは、高速コンピュータのような働きをする海馬が特定の神経細胞から記憶情報を引き出すからに違いない。初恋の思い出は神経細胞１８４１６番から、小学校４年生のときの先生の思い出は神経細胞４６１２４３９４から、といった具合に。

この仮説が正しいと証明するには、特定の記憶を思い出そうとすると、毎回同じ神経細胞が活性化するということを示す必要がある。こうして１９６０年代以降、被験者に電極やセンサーを取り付け、ごくありふれた品物の写真を見せるという実験が行われるようになった。科学者たちの予想では、被験者が同じ写真を見せられるたびに、毎回決まった神経細胞が刺激を受けるはずだった。被験者たちは長時間にわたって写真を凝視し続けた。科学者たちは観察し、特定の神経細胞が発火するのを待ち構えた。じっと待った。さらに待ち続けた。

結局、特定の神経細胞と特定の記憶が１対１で対応しているという事実は見出せず、謎だけが残った。被験者は同じ写真を見せられているのに、反応する神経細胞は毎回違っていたのだ。それだけでなく、異なる写真を見ているのに、同一の神経細胞が反応するときもあった。

科学者たちは、当初、こうした事態は技術的な問題によるものだと考えた。おそらく、センサーの精度が低いからだ、と。その後数十年、神経科学者たちは似たような実験を繰り返した。実験装置の感度は向上したものの、依然として意味のある結果は得られなかった。いったいどうなっているのだろうか。記憶が脳のどこかにしまわれているのは間違いないはずなのに。

この謎を解明したのは、ジェリー・レトビンというマサチューセッツ工科大学の科学者だった。彼によると、一定の記憶が1つの細胞内に存するという考え方そのものが、まったくもって間違いだという。科学者たちは脳の中にヒエラルキーを見出そうとしてきたが、そんなものは元から存在しないというのがレトビンの主張だった。彼の説によると、記憶は、海馬の監督下にある特定の神経細胞に蓄えられているのではなく、脳内のさまざまな部位に広く分散しているのだ。彼は、人が自分のおばあさんの記憶を蓄えている架空の神経細胞を想定し、これを「おばあさん細胞」と名付けた。レトビンの思い描いた脳の構造は、一見すると原始的で無秩序なものだ。なぜこれほど複雑な思考機械が、こんな奇妙な発達の仕方をするのだろうか。

こうした分散構造は、直感的には把握しづらいが、脳が「打たれ強い」のは、実際のところこの構造のおかげなのだ。たとえば、誰かの脳からある記憶を消したくなったとしよう。もし脳内にヒエラルキーが存在するならば、その記憶が蓄えられている神経細胞を特定して攻撃すれば目的は達せられる。だが、レトビンの提唱したモデル通りだとすれば、そんな簡単なやり方で記憶は消せない。この場合、神経細胞のパターンを攻撃しなければならず、はるかに難度が高くなる。

神経科学者がおばあさん細胞を探し求めるのと同じように、われわれは脳の外の世界についても、ごく当たり前のように秩序を見出そうとする。周囲の世界のあらゆるところにヒエラルキーの存在を求めてしまうのだ。対象がフォーチュン500企業であれ、軍隊であれ、地域社会であれ、「誰が仕切っているのか」に自然と目が向いてしまう。

本書のテーマは、誰も仕切る者がいなかったらどうなるかということだ。それはまた、ヒエラルキーが存在しないとどうなるかということでもある。混乱し、場合によってはカオス状態に陥るのではないかと思うかもしれない。しかし、多くの分野で、伝統的なリーダーシップを欠いているが故に、産業や社会を根底から覆すような強力なグループが生まれている。

要するに、われわれの周りでは、猛烈な勢いで革命の嵐が吹き荒れているのだ。

1999年、ノースイースタン大学の学生ショーン・ファニングは、寮の自室で椅子に座ったまま世界を変えようとしていた。だが、当時は誰もそれに気づいていなかった。18歳の大学1年生ファニングは、パソコンに向かいながら、ふとこんなことを思った。みんなで音楽ファイルを交換できるようになったら、どうなるんだろう、と。こうしてナップスターが誕生し、彼のふとした思いつきはレコード業界に壊滅的な一撃を加えることとなった。ただし、ファニングが先頭に立って攻撃を仕掛けたわけではない。音楽ファイルを交換し合うティーンエイジャーや大学生が、そして最後にはｉＰｏｄを持ち歩くビジネスマンまでが加わって、まるで軍隊のごとくレコード業界に襲いかかったのである。

場面は変わって、アメリカから地球を半周分離れた中東の地。ウサマ・ビンラディンがサウジアラビアを出てアフガニスタンに向かったとき、この男が数年後、世界一のお尋ね者になろうとは誰も思いもしなかった。当時は誰もがビンラディンの力を見くびっていた。洞穴から指令を出す？　そんなやり方で何ができるというんだ、と。しかし、アルカイダが大きな力をもつようになったのは、ビンラディンが伝統的なやり方でリーダーシップを発揮しなかったからこそなのである。

１９９５年、一人の内気なエンジニアが、サンフランシスコ・ベイエリアで開催予定のイベントをリストにして、インターネット上に公開した。クレイグズリストである。このとき、クレイグ・ニューマークは、自分が立ち上げたサイトが新聞業界を永遠に変えようとは夢にも思っていなかった。２００１年、元オプション取引のトレーダーが、ネット上で全世界の子どもたちに向けて、勉強に役立つ情報を無料で公開し始めた。やがてこの試みが発展して、お互い見ず知らずの何百万人という人々が、「ウィキ」というシステムを使い、世界最大の情報サイトを生み出すのだが、当の本人はそんなことは夢想だにしなかった。

レコード業界を突然襲った一撃、9・11の同時多発テロ、ネット上の三行広告サイトや執筆者参加型百科事典の成功。これらに共通しているのは、ある未知の勢力によって引き起こされたという点だ。この勢力を攻撃すればするほど、相手はますます強くなる。バラバラに見える分、かえってしぶとさを増す。コントロールしようとすればするほど、ますます予測不可能な動きを見せてくる。

権限の分散化（分権化）は、過去数千年にわたって、眠れる獅子のごとき存在であった。だが、インターネットの出現によってついに目覚めたこの獅子は、伝統的なビジネスを打ち倒し、産業界全体に変化をもたらし、人と人との交わり方を変え、世界の政治に影響を及ぼすようになった。構造やリーダーシップ、公式組織を欠くことは、かつては弱点と見なされたが、現在では大きな強みとなっている。一見するとまとまりに欠けた集団が、これまで支配的だった組織や体制に戦いを挑み、勝利を収めている。ゲームのルールが変わったのだ。

この事実が、アメリカの連邦最高裁判所において、白日の下にさらされることになった。そこでは、世間の耳目を集めたある裁判が、驚くほど奇妙な展開を示そうとしていた。

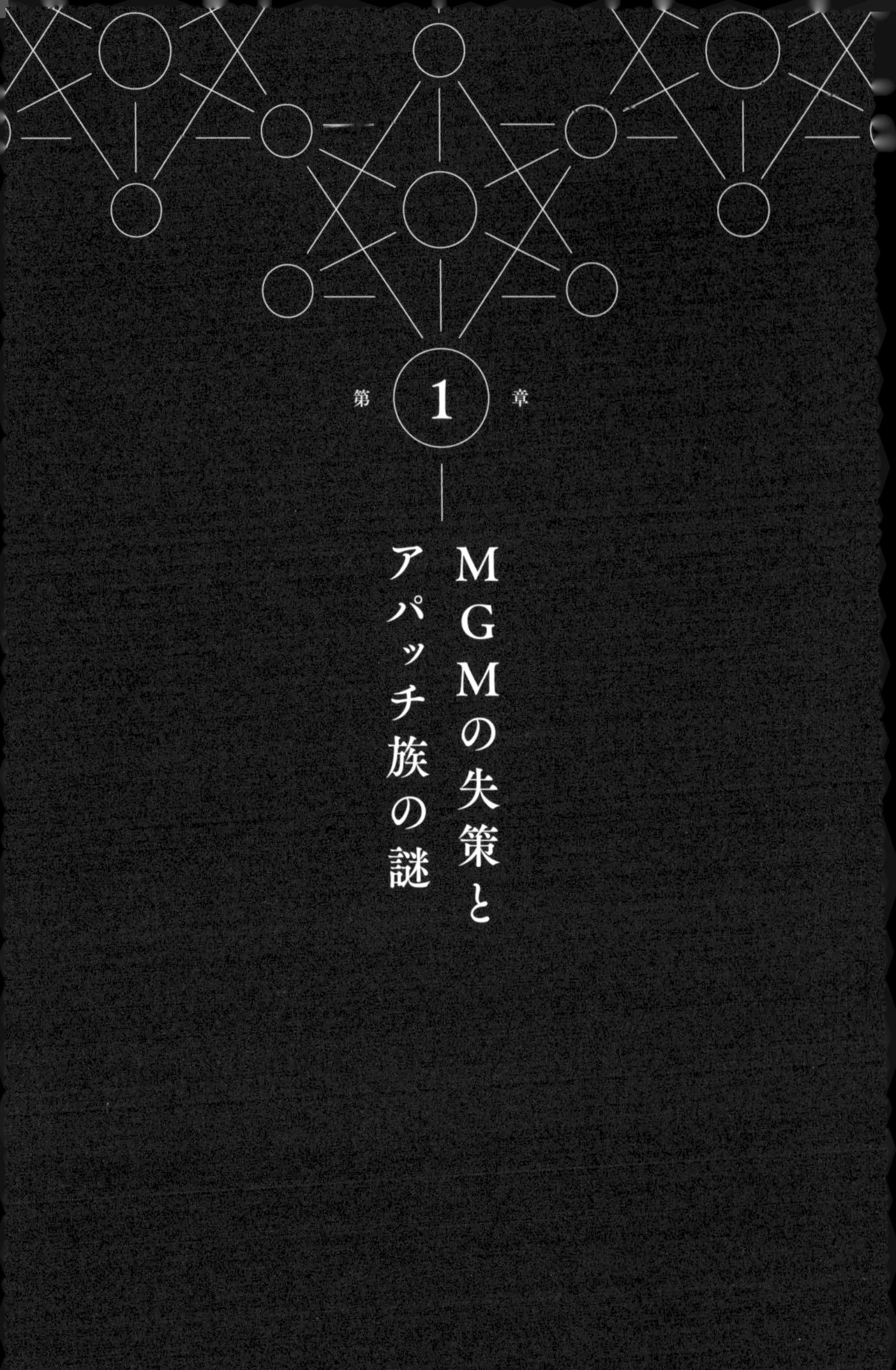

第1章

MGMの失策とアパッチ族の謎

連邦最高裁判所に到着したドン・ベリリが、入り口の大理石の階段でシャンパンの栓を抜いても、誰も文句は言わなかっただろう。今彼が臨もうとしているのは、勝つこと間違いなしの裁判だったからだ。時は2005年3月下旬。ベリリは最高の気分に浸っていただろう。

ベリリは、誰もが自分の陣営に加えたいと思うような弁護士だ。コロンビア大学ロースクールが発行する名高い学術誌、『コロンビア・ロー・レビュー』の編集長を務め、ウィリアム・ブレナン判事の事務官として働き、最高裁レベルの重要な訴訟において次々と勝利を収めてきた。まさに、エリート中のエリートだ。このベリリをベーブ・ルースとするならば、彼を含む弁護団は、1927年のヤンキースさながらのオールスターチームだった。何しろ、ケン・スター（モニカ・ルインスキーとの不倫スキャンダルに端を発するクリントン前大統領の弾劾で有名）とデービッド・ケンドル（その弾劾裁判でクリントンを弁護）という強打者が共に含まれていたのだから。誰もこんなチームを相手に試合はしたくないだろう。

ベリリとそのチームを用心棒として雇い入れたのは、巨大エンターテインメント企業、MGMだった。一方でMGMは、コロンビア、ディズニー、ワーナー・ブラザース、アトランティック・レコード、キャピトル・レコード、RCA、BMG、ソニー、ヴァージン・レコードといった大企業をこの訴訟に引き込んでいた。

おわかりだろうか。これは、世界最大級の企業が集結し、世界一の弁護士を立て、世界最高峰の裁判所で争うべく起こした訴訟なのである。では、これらの巨大企業が訴えた相手は誰だったのか？　それはグロックスターという、ほとんど無名の小さな会社であった。

グロックスターは、P2P（ピア・ツー・ピア）という通信方式を利用するサービスを提供していた。同社のサービスを利用すれば、インターネット経由で音楽や映画のファイルを盗む――いやいや、共有する――ことができた。使い方が簡単な上に無料とあって、世界中のユーザーが、ブリトニー・スピアーズの最新アルバムから話題沸騰中の映画の海賊版に至るまで、ありとあらゆるものを嬉々としてシェアしまくった。実際、『スター・ウォーズ　エピソード3／シスの復讐』は、劇場公開されたその日のうちに無料の海賊版がネット上にアップされたほどだ。

こうしたサービスの問題はただ1つ、やり取りされているのがすべて非正規コンテンツという点である。グロックスターのユーザーは、要するに楽曲を盗んでいるのだ。しかも、そのユーザーというのは、大学のコンピュータ学科の地下室で暗躍する一部のハッカーだけではなかった。どこにでもいるような、ごく普通の若者たちが盗みを働いていたのだ。コンピュータを使える18歳から24歳の若者の大半が、グロックスターが提供するようなサービスを使ったことがあるはずだ。2005年4月時点におけるP2Pサービスのユーザー数は、アメリカ国内だけで863万人と推定されている。

アメリカの若者がこれほどまでの規模で何かを分かち合ったのは、1967年のサマー・オブ・ラブ（訳注：1960年代後半のヒッピームーブメントの頂点をなす社会現象）以来であった。一方、映画業界、音楽業界にとって、ファイル交換は次第に看過できない問題となっていった。MGMをはじめとするエンターテインメント企業が目指しているのは、音楽や映画を世界に広めることではない。利益を上げることだ。今や音楽ファイルの交換が収益に大きなインパクトを与えつつあった。どの程度のインパクトか？　それはこれからベリリが明らかにしてくれる。

ベリリが口頭弁論を始めると、すぐにブレイヤー判事が割って入ってきた。判事には、巨像がネズミを相手に錯乱状態に陥っているようにしか見えなかったのだ。判事の質問は平たく言うと、いったい何を大騒ぎしているんだ、ということだった。「イノベーションが起きた。音楽産業にいろいろと問題が生じた。だが、業界は繁盛している。で？」

この問いに対する答えを、ベリリは口頭弁論の最後まで取っておいた。彼は知っていた。自分が代理人を務める巨像たちは、単にヒステリックになっているわけではない。恐怖で気も狂わんばかりになる、十分な理由があるのだ。ベリリはようやく答弁の言葉を述べた。「ブレイヤー判事、実のところわれわれは、つまりレコード業界は、こうしたサービスの猛攻に晒されて以降、利益の25パーセントを失ってしまったのです」

25パーセント。なるほど、これなら大騒ぎするのも無理はない。

この騒動のそもそもの発端は、最高裁判所での裁判のわずか5年前、無名の大学1年生が、CDを買いにわざわざタワーレコードまで行くなんて面倒だな、と思ったことである。怠惰というべきか、傲慢というべきか、ともかくこの若者は、ただで音楽を聴きたくなった。こうして18歳のショーン・ファニング――友人たちからは「ナップスター」という あだ名で呼ばれていた――は寮の自室で会社を立ち上げた。ナップスターのセントラルサーバーにログインすれば、誰でも世界中のユーザーとファイル交換ができる。この画期的な新サービスは多くのユーザーを獲得し、まるで明日という日がないかのごとく猛烈な勢いでファイル交換が始まった。

実際のところ、ナップスターには明日という日があまり残されていなかった。レコード会社各社が、直ちにナップスターを相手取って訴訟を起こしたのだ。案の定、アメリカ自由人権協会（ＡＣＬＵ）などの団体から、訴訟は言論の自由の侵害だという抗議の声が上がったが、裁判所は聞く耳をもたなかった。憤慨したハッカーたちも、校庭で喧嘩に負けた小学生のように、「覚えてろよ！　絶対に仕返ししてやるからな！」と騒ぎ立てたものの、こちらもやはり大した注目を集めることはなかった。

２０００年2月12日、ナップスターは敗訴した。２００３年6月には破産手続が開始され、同じ年の12月には商標及び知的財産が、二束三文でロキシオ社に売却された。

こうした一連の法廷闘争は、より大きな戦略の一部にすぎなかった。たとえば、近所のカギ屋が、実は泥棒稼業を営んでおり、あなたを騙して儲けているとしよう。朝、あなたが出勤するや否や、カギ屋は抜き足差し足で忍び寄り、錠前を壊してドアを開けっぱなしにしてしまう。すると、人が続々と押しかけ、室内を物色して銀器に皿、宝石、買ったばかりのオーディオ機器などを盗んでいく。時にはマッチョな二人組が現れて、洗濯機まで持ち去ってしまう。

帰宅したあなたはもちろん大ショックだ。が、少し冷静さを取り戻すと、物を盗んだ犯人だけでなく、ドアをこじ開けた連中も捕まえたいと思うだろう。レコード会社が直面した状況も、これと同じだった。P2Pサービス会社が窃盗団に門戸を開放し、至るところで略奪行為が繰り広げられていた。

これに対してレコード業界側は二面攻撃に打って出た。彼らがまず狙いをつけたのは実行犯、つまり音楽ファイルを実際に交換しているユーザーたちだ。楽曲をダウンロードするユーザー――凶悪犯――を見つけ出し、罰金4000ドルの支払いに応じなければ、著作権侵害のかどで訴えると脅しをかけたのである。この作戦の意図は、すでにファイル交換に手を染めてしまったユーザーが、これ以上楽曲をダウンロードするのを阻止するとともに、世間一般に対して「われわれは本気だ。知的所有権の侵害はいっさい許さない。法を破りコンテンツを盗んだ者は、必ず捕まえてみせる」という強力なメッセージを伝えることにあった。

第2の標的は、ピッキングで錠をこじ開け、泥棒を家に招き入れた者、すなわち諸悪の根源ともいうべきP2Pサービス会社であった。レコード会社は訴訟によってP2Pサービス会社を掃討すべく、最高の弁護士を雇い入れた。それがベリリである。ベリリは期待通り、完璧な仕事ぶりを示した。彼の口頭弁論から2カ月後、裁判所は全員一致でMGM側勝訴の判決を下したが、これは何ら驚くべきことではなかった。

ところが、レコード会社側がP2Pサービス会社を相手に勝訴を重ねているにもかかわらず、著作権侵害問題は悪化の一途を辿っていた。レコード会社が用心を怠っていたわけではない。事実はその逆で、新たな訴訟を起こすたびに、訴えの内容は厳しさを増していた。だが、レコード会社の攻撃が激しさを増せば増すほど、相手もより一層力を増していった。どうも何かが変だった。

いったい何が起きているのか。その謎を解くカギを提供してくれたのは、まったく畑違いの研究者だった。アメリカ南西部の先住民族を研究する文化人類学者、トム・ネビンズである。ネビンズはレコーディング・スタジオに足を踏み入れたことはない。しかし、彼が先住民族に関して行った研究が、一連の事象をうまく説明してくれるのだ。当時の音楽業界の出来事について、彼以上に精通した者はいないと言ってもよいくらいだ。

われわれがネビンズを知ったきっかけは、アパッチ族に関する1冊の本だった。この本の序文を書いたのがネビンズだったのだ。序文を斜め読みしていたわれわれは、ふとページをめくる手を止めた。待てよ、ここに書かれているアメリカ先住民族の話は、ほぼそのままグロックスター裁判にも当てはまるのではないか。

われわれは若き人類学者を訪ねるため、彼が妻と赤ん坊とともに暮らすアイオワに向かった。最初ネビンズは、不意を突かれて驚いた様子だった。「まさかあの本を読んでくれる人がいるとは」。だが、われわれの話を聞くうちに、ネビンズはアメリカ先住民族と音楽業界の関連性を理解し、いま世間で起こっている出来事をより大きな文脈の中で解釈してくれた。

すべての始まりは、はるか昔のある謎めいた出来事だった。そして、この謎を解くことが、MGMの犯した過ちを理解する鍵になる。ネビンズはこの謎解きのために、今からおよそ500年前、現在のメキシコシティで起こった出来事について語ってくれた。時は1519年。歴史に名を残す伝説的探検家、エルナン・コルテスが、アステカ族の首都に初めて足を踏み入れた。

当時の首都テノチティトランへと続く立派な幹線道路、複雑に入り組んだ送水路、寺院やピラミッドの大きさと美しさ。コルテスはすっかり驚いた。未開の地だとばかり思っていたのに、実際に彼が目にしたのは1500万の人々が暮らし、独自の言語と高度な暦と中央政府をもった一大文明であった。コルテスはその驚きを次のように書き記している。

「この町はセビリアやコルドバに匹敵する大都市であり、市場には6万人以上の人々が売買のために集まってくる。ここでは世界各地のありとあらゆるものが売られている」

だが、コルテスは物見遊山でテノチティトランに来たわけではなかった。レコード会社のCEOと同じく、金を儲けるために来たのである。当時金を儲けるとは、黄金を手に入れることであった。そこでコルテスはまず、アステカの君主、モンテスマ2世と話をするために、スペイン軍を丸ごと収容できるほど広大な宮殿を訪れた。このときコルテスがモンテスマに伝えた話を要約すると、次のようになる。「黄金を残らずよこせ。嫌なら殺す」

モンテスマは困惑した。彼はこれまでコルテスのような人間に会ったことがなかった。もしかすると相手は神かもしれない。そう思ったモンテスマは、要求通り、もっていた黄金を残らず渡してしまった。

コルテスは物見遊山などする男ではなかったし、約束を守るような男でもなかった。コルテスは約束を反故にして、モンテスマを殺害した。悪夢の始まりだった。テノチティトランを包囲したコルテス軍は、道路にバリケードを築いて町にいっさい食料が入らないようにし、送水路も遮断した。80日間で24万人の住民が餓死した。

コルテスがテノチティトランを初めて目にしてからわずか2年後の1521年、紀元前数百年から続く文明を誇ったアステカ帝国は完全に崩壊した。アステカだけではない。インカ人たちも同じ運命を辿ることになった。1532年、フランシスコ・ピサロ率いるスペイン軍が、インカ帝国の皇帝アタワルパを捕らえた。翌年、インカ帝国の黄金をすべて手に入れたスペイン軍はアタワルパを処刑し、傀儡皇帝を擁立した。1つの文明社会が完全に消滅するのに要した時間は、このときもまた、わずか2年であった。

こうした歴史上の大事件を経て、スペインは南米大陸における支配権を確立していった。その後、1680年代に至るまで、スペイン軍は向かうところ敵なしの状態にあった。スペイン軍は破竹の勢いを保ったまま北上を続け、やがてアパッチ族と遭遇した。現在のニューメキシコ州の砂漠地帯で繰り広げられた両者の戦いは、音楽業界がP2Pサイトに仕掛けた戦いを考察する上で、極めて示唆に富んだものと言える。なぜか？　それは、スペイン軍が敗れたからだ。

スペイン軍が敗れた相手は、一見すると原始的な部族だった。アステカやインカと違って、アパッチ族はピラミッドを建てたことも、舗装した大通りを作ったことも、町と呼べるほどの町を築いたこともなかった。征服者たるスペイン人にとってピラミッドや大通り以上に重要だったのは、アパッチ族がいっさい黄金を所有していなかったことだ。そこでスペイン人は、黄金を略奪するというやり方ではなく、アパッチ族を無理矢理農耕に就かせ、キリスト教に改宗させる作戦、つまり、カトリック教徒の農民に変えてしまうという作戦に出た。熊手や鍬を手にしたアパッチ族もいるにはいたが、大多数の者は抵抗した。いや、抵抗どころか、自分たちの方からも積極的に反撃を仕掛け、スペイン軍の物とおぼしき物であれば何でも略奪していった。

スペイン軍のような相手を敵に回して、アパッチ族に勝ち目があるはずがない。誰もがそう思うだろう。だが、事実は違った。ネビンズがわれわれに語ったところによると、「17世紀末までに、スペイン軍はソノラ州北部とチワワ州の実質的な支配権をアパッチ族に明け渡すことになりました。メキシコ北部はアパッチ族が実効支配するようになったのですが、彼らは別段それを望んではいなかったのです」。これは、運良く一度だけ勝利を収めたという話ではない。アパッチ族は、その後2世紀にわたってスペイン軍を撃退し続けたのだ。

アパッチ族が、インカやアステカにはない未知の秘密兵器をもっていたわけではない。スペイン軍が弱体化していたわけでもない。実のところ、勝敗を決した最大の要因は、アパッチ族の独特な社会構造にあったのだ。スペイン軍がアパッチ族に勝てなかったのは、レコード会社が勢いに乗るP2Pサービスを制圧できなかったのと同じ理由だったのである。

ネビンズは、どのようにしてこの謎を解いたのか、話してくれた。数年前、彼はアリゾナ州にあるホワイト・マウンテン・アパッチ族の居留地に3年間滞在し、彼らの文化や儀式、社会のメカニズムなどを研究した。彼はすぐにアパッチ族と他の先住民族との違いに気づいたという。「たとえば、映画『ダンス・ウィズ・ウルブズ』に出ていたスー族は、ある程度中央集権的な政治体制をもっています。彼らの抵抗も短期間はめざましい成果を上げたのですが、結局は10年もちませんでした。一方アパッチ族はというと、何百年も戦い続けたのですからね」。では、なぜアパッチ族は戦い続けられたのだろうか。「それは、彼らが政治権力を分散させ、中央集権化を回避していたからです」。アパッチ族が耐え抜けたのは、分権化のおかげだったのだ。

ネビンズの言わんとするところを理解するために、中央集権と分権という、相反する体制について簡単に見ておこう。中央集権型の組織は理解しやすい。一般の大手企業や行政機関はどれも中央集権型だ。そこには全責任を負った特定のリーダーと、意思決定がなされる物理的空間（役員室、本社、市庁舎など）が存在する。ネビンズは、リーダーが支配するこの種の組織を**強制的組織**と呼んでいる。CEOに「お前はクビだ」と言われたら完全にクビだし、コルテスが「進め」と命令すれば軍は進む。スペイン軍、アステカ帝国、インカ帝国、これらはいずれも中央集権的であり、強制的な組織だ。強制的という言葉から旧ソ連の強制労働収容所のようなところを思い浮かべるかもしれないが、強制的組織が必ずしも悪いというわけではない。あなたがスペイン軍の大将か、アステカの指導者か、フォーチュン500企業のCEOだとしたら、組織の秩序を保ち、効率を高め、組織が十全に機能するよう、指揮統制型の管理を行うだろう。ルールを定め、守らせなければ、組織体制は崩壊してしまう。たとえば、航空会社の運行体制は、是非とも強制的であってほしいものだ。座席番号281Jの乗客に、「さあ、今から着陸しよう」などと勝手に決められては、たまったものではない。乗客には大人しく座席で映画を楽しんでもらい、機長が——そして機長のみが——航空機の正常な運行のための意思決定権をもつべきなのである。

一方、分権型は強制的組織よりも少しわかりづらい。分権型組織には、明確にリーダーと言える人物も、ヒエラルキーも、本社も存在しない。仮にリーダー的人物がいたとしても、他者をコントロールする権限はほとんどもっていない。せいぜいできるのは、模範を示して他のメンバーに影響力を発揮することぐらいだ。ネビンズはこの種の組織を**開かれた**組織と呼ぶ。自分で意思決定を下す権限がすべてのメンバーに与えられているからだ。だからといって、分権型イコール無政府状態ではない。ルールも規範も存在しているのだが、これらに従うよう、誰か特定の人物が強制してはいないということだ。むしろ、権限はすべての拠点のすべてのメンバーに分散されていると言った方がいい。ここにはテノチティトランのような中心都市もなければ、モンテスマのような君主もいない。

だが、モンテスマのような人物なしでも、全体が同じ方向を目指して動くにはどうすればいいのだろう。アパッチ族には首長はいなかったが、その代わりにナンタンと呼ばれる精神的・文化的なリーダーがいた。ナンタンは手本を示すことでリーダーシップを発揮したが、強制力を伴う権限はもっていなかった。部族のメンバーは、自分がナンタンに従いたいから従うだけであり、従わなければならないから従うのではない。史上最も有名なナンタンの1人ジェロニモは、数十年にわたってアメリカ軍と戦い、部族を守ってきた。彼は決して自軍に命令を発しなかった。ジェロニモが1人で戦い始めたのを見て、周囲の者がこぞって戦いに加わったのである。「ジェロニモが武器をとって戦い始めたのだから、おそらく、そうするのが正解なのだろう。ジェロニモの判断はいつも正しかった。だから、今も一緒に戦った方がよさそうだ」というわけだ。ジェロニモに付いて行きたければ行く。付いて行きたくなければ行かない。決める権限は一人ひとりにあり、どうするかは各自の自由だ。そもそもアパッチ族の言葉には、「〜すべき」という表現が存在しない。「強制」はアパッチ族にとって無縁の概念なのだ。

ナンタンは、開かれた組織の安寧にとって極めて重要な存在である。ただし、分権化の影響を受けるのは、リーダーシップのあり方だけではない。アパッチ族には首都もなければ、中央指揮所もないため、意思決定は至るところで行われた。たとえば、スペイン人入植地への襲撃は、あるところで発案され、別のところで計画が練られ、さらに別のところで実行されるという具合だ。アパッチ族がどこから現れるのか、誰にも予測がつかない。重要な意思決定を下す特定の機関がなかったということは、言い換えると、誰もが至るところで意思決定を下していたということだ。

こういう言い方をすると、のんびりとした、まとまりのない集団という印象をもつ人もいるかもしれない。だが、実際のアパッチ族の社会は先進的で洗練されたものであった。分権型組織は、中央集権型組織とはまるで違っている。ただ、それだけのことだ。ネビンズの説明によると、中央集権型社会であれば破壊されていたはずの攻撃をアパッチ族がしのげたのは、柔軟性、権力の分有、曖昧さといった分権型社会の特徴のおかげだという。

強制的組織が開かれた組織に攻撃をしかけるとどうなるか、見てみよう。スペイン軍は、中央集権型組織、すなわち強制的組織に特有な観点からものを見るのに慣れた集団であった。アパッチ族と対することになったとき、スペイン軍は過去にうまくいったやり方（黄金を奪ってリーダーを殺すというやり方）で、ナンタンたちを亡き者にしようと企てた。だが、ナンタンを一人殺したと思うと、新たなナンタンが出現した。アパッチ社会の安寧は、誰か一人のナンタンの肩に掛かっていたわけではなかったのだ。スペイン軍の作戦は失敗した。

アパッチ族はスペイン軍の攻撃を耐え忍んだだけではなかった。驚くべきことに、攻撃を受けたためにかえって強くなったのだ。スペイン軍が攻勢をかけると、アパッチ族はより一層権限を分散させ、ますます難攻不落となっていった。アパッチ社会にとって村が重要な存在だったとすれば、スペイン軍に村を破壊された時点で降伏していたかもしれない。だが、彼らは村を重視していなかったので、古い家を捨て、遊牧生活を始めた（「さあ、捕まえられるかな」と言わんばかりに)。

ここで、分権に関する第1の原則を紹介しておこう。

第1の法則

分権型組織は攻撃を受けると、より一層開かれた状態となり、さらに分権化の度合いを強める。

21世紀に再演された紛争劇に話を戻そう。スペイン軍の役回りを演じるのはレコード会社で、アステカ帝国役を務めるのがグロックスターやナップスターといったP2Pサービス会社だ。レコード会社は訴訟を起こし、ベリリをはじめとする現代版の征服者たちを送り込んできた。すでに見たように、この作戦は功を奏し、ナップスターは倒産した。レコード会社の勝因は、ナップスターがどちらかと言えば中央集権型の組織だった点にある。そこにはテノチティトラン(ユーザーがログインしなければならないセントラルサーバー)があったし、モンテスマ(CEOを頂点とするヒエラルキー構造)も存在した。言い換えると、ナップスターはレコード会社に比べると開かれた分権型の組織ではあった(ユーザー同士が無料で音楽ファイルを交換できた）ものの、中央集権型大企業からの攻撃をやり過ごせるほどには分権化が進んでおらず、柔軟性にも欠けていた。テノチティトラン（セントラルサーバー）を陥落させ、モンテスマ（ナップスター社の経営陣）を追い詰めることで、レコード会社側が勝利を収めたのである。

だが、ナップスターが滅亡しても、無料で音楽を手に入れたいという人々の欲望は治まらなかった。あなたが「無料ダウンロードした音楽」という泉で喉を潤している子どもだったとしよう。そこに突然スーツに身を固めた男たちがやって来て、泉の栓を閉め、「お前たちのやっていることは犯罪だ」と告げたとしたらどうだろう。もちろん、何カ月もご無沙汰のレコード店に久々に顔を出し、3時間分のバイト代をはたいてCDを買うというのも、あり得ない話ではない。だがそれよりも、ナップスターと同等のサービスを見つける方がよほど魅力的に違いない。

そんなところへ登場したのが、スウェーデン人のエンジニア、ニクラス・ゼンストロームである。彼は飢えた人々に食べ物を与えることで、つまりは、無料の音楽ファイル交換を渇望する人々に機会を提供することで一旗揚げようと目論んでいた。ゼンストロームはアパッチ族のナンタンのような存在ではなかったが、生き残るためにはナップスターの轍を踏まないことが肝心だと心得ていた。こうして生まれたのが、カザーと呼ばれる新しいソフトである。カザーには、テノチティトランに当たるセントラルサーバーがない。カリフォルニアに住むジョンが、ネブラスカ在住のデニスのコンピュータに直接アクセスしてU2の最新曲を入手したり、サンフランシスコのジェリーのコンピュータからお気に入りのビートルズの曲を手に入れたりできるのだ。発表から12カ月で、カザーのダウンロード数は2億5千万回に達し、音楽ファイル交換が怒濤の勢いで繰り広げられた。カザーはセントラルサーバーなしで、ユーザーに力を与えたのである。

レコード会社とカザーを比較してみよう。レコード会社にはオフィスがあり、流通チャネルがあり、マーケティング部門があり、高給取りの重役たちがいる。コンテンツの権利はレコード会社が独占しているので、ユーザーにプレミアム価格で販売できる。もちろん、CDをコピーして友人に配布するのは違法だ。一方、カザーはアパッチ族の村のようなものだ。本社もなければ高給取りもいない。もし、お気に入りの歌を千回コピーしたければ、どうぞご自由に、という世界だ。

普通、企業経営にはモンテスマのような存在が必要となってくるものだ。だが、レコード会社に見つからぬよう気配を消したいゼンストロームとしては、自ら進んでモンテスマになる気などさらさらなかった。レコード会社が見ていないときだけピラミッドの石を積み上げ、レコード会社がめったに近づかない場所にだけ道路を作る。それが彼のやり方だった。収益はカザーの広告スペースを販売して得ていたのだが、この中央集権的な特徴が敵に付け入る隙を与えてしまった。ゼンストロームはＭＧＭなど各社の動きを常に警戒するようになり、彼も彼のパートナーも、レコード会社からの召喚状を届けに来るバイク便から逃げ回る生活を送る羽目になった。

後にレコード会社各社は、スペイン軍よろしくカザーとそのユーザーを追い詰め、訴えを起こすことに成功するが、ゼンストロームはオランダにあった親会社を南太平洋の島国バヌアツを本拠とする会社に売却してしまう。バヌアツならば欧米の法制度といえども手出しができない。遊牧民になるしか選択肢のなかったアパッチ族と同じく、ゼンストロームも生き残るために分権化の道を選ばざるを得なかったのである。彼は会社を売却して金持ちにはなれなかった。金持ちになれないのは、ナンタンの常なのだ。だからといって、ゼンストロームを気の毒がる必要はない。後でわかるように、訴えられ、音楽ビジネスから身を引いたことは、彼の人生で最善の出来事となったのだから。

その後、これと同様のいたちごっこが、レコード会社各社とグロックスター、あるいはカザーそっくりのイードンキーといった会社との間で繰り広げられた。ベリリの名前はご記憶だろう。彼がＭＧＭ訴訟でグロックスターを糾弾した２００５年までに、レコード会社の戦略には２つの大きな問題があることがわかってきた。１つは、この戦略には効果がないこと。そしてもう１つは、この戦略が問題をさらに悪化させていたことである。

ナップスターⅡ（初代ナップスターからブランド名を買い取った）のＣＥＯ、クリス・ゴログは次のように述べている。「違法コピーが世の中からなくなることはないさ。でも、ちょっと胸がざわつくような、良くない行為という見方はされるだろうね。親たちも、これまで以上に監視の目を光らせているし」。つまり、訴訟の効果が表れつつあるのだろうか。いや、どうもそうではないらしい。クリスが認める通り「違法コピーがわずかに減少したという統計もある」。「しかし、実質的には横ばい状態」だというのだ。レコード会社は、自分たちのやり方が功を奏していると思いたいだろうが、実際には問題を解決しているとは言いがたい状況だ。

音楽産業は違法コピーを阻止できずにいる。それればかりか、分権に関する第1の原則の通り、レコード会社がナップスターなりカザーなりを訴える度に、それらよりもさらに分権化が進み、さらに戦いにくい新手のサービスが登場してくるのだ。たとえば、カザーが南太平洋に追いやられた後、あるハッカーがカザー以上にオープンで、より分権型のサービスを開発した。このハッカーは、既存のカザーから収益の源泉であった広告関連の機能を取り除いた新バージョンをつくり、ネット上で公開した。分権化がより一層進んだ修正版カザーは、カザー・ライトあるいはKプラスと呼ばれ、何百万人ものユーザーがダウンロードした。また、カザーと似たサービスを提供する事業者、イードンキーでも同じことが起きた。ここでの主役は、イードンキーの私生児ともいうべきイーミュールだ。このまがいものと言ってもいいアプリが、市場でじわじわとシェアを拡大させ、ライバルたち

レコード業界 → ナップスター → カザー → カザー・ライト → イーミュール → 将来?

中央集権型

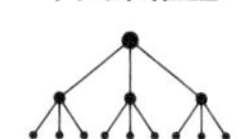

分権型

をいらつかせている。いったいなぜ、こんなことになるのだろう。完全にオープンソースのみで開発されたイーミュールは、音楽業界でかつて類を見ないほど分権化が進んだアプリケーションだからだ。オーナーがいない。モンテスマがいないのである。誰が始めたのか、誰にもわからない。本当にわからないのだ。イードンキーの代表、サム・イェーガンは次のように述べている。「イーミュールは、さすらい人の集まりみたいなネットワークで、完全にオープンソースだけでやっている。実態を把握しようにもしようがないんだ」。この発言は彼自身の経験に裏打ちされている。「イーミュールの連中を見つけ出し、叩き潰したいと思っている人間がいるとしたら、それは他ならぬわれわれなんだ。3年以上ずっと同じ思いできた。でも、見つけられないんだ。この業界を知り尽くしているわれわれですらね」

上の図は、P2Pサービスがますます開かれた状態になり、分権化の度合いを強めていく有様――つまりコントロールしたり、争ったりするのがますます困難になっていく有様——を示したものである。

　イーミュールほど分権化が進むと、レコード会社の弁護士といえども手の打ちようがない。訴えようにも相手がいないのだ。まさかソフトウェアを訴えるわけにもいくまい。誰がリーダーなのか、手がかりすらない。もしも、他社の利益を容赦なく奪い取っていなかったとしたら、イーミュールなんか実在しないと思うかもしれない。

　では、ＭＧＭのＣＥＯはどうすればいいのだろうか。サム・イェーガンをはじめとするイードンキーの関係者は、ユーザーへの課金を開始し、利益の一部をレコード会社に支払うと申し出た。サブスク方式にしてサービスを合法化しようというわけだ。だが、レコード会社側は頑としてこの提案をはねつけた。そして、自分たちなりの方法でいかに生き残りを図るかを懸命に模索しているところだ。ナップスターIIのＣＥＯ、ゴログは言う。

「レコード会社は１００年近くビジネスをやってきた。つまり、アーティストに対して、利益１ドル当たり数セントかそれ以下しか支払わないというやり方を１００年も続けてきたんだ。事業を再定義しようと、自分たちはマーケティング会社だ、などと言い出しているようだが、雑誌にしろ、テレビにしろ、屋外の広告掲示板にしろ、ミュージシャンの広告をどれだけ見たことがある？　ほとんどないだろう。そのうち、レコード業界は完全な中抜き状態になると思うよ」

　レコード会社に関わるすべての人が損をしているかのようだ。実際、ほとんどの人は損をしているだろう。その点についてはイェーガンの言う通りだ。「いいかい、忘れてはいけないよ。ここ数年、音楽業界で起こった一連の出来事を通じて、金を儲けているのは誰なのか。疑問の余地なく、答えは弁護士だ」。ドン・ベリリにとっては悪くない話だろう。弁護士にとって訴訟など代わり映えのしない仕事だろうが、数の方はますます増えていく。

とはいえ、レコード業界も今後は変わっていかざるをえないだろう。これからもベリリのような超一流弁護士は雇えるし、問題解決のためにあらゆる策を講じることもできる。だが、はっきり言っておこう。そんなものは大したことではない。グロックスターのような会社が知的所有権の侵害を可能にしてしまったのだ。最高裁判所が全会一致でMGM側に有利な裁定を下しても、何の助けにもならない。

分権化した相手の場合、激しく攻撃を加えれば加えるほど、相手はますます強くなる。レコード会社は、ナップスターを殲滅し、カザーを打ち砕く力をもっていた。だが、この戦いを始めてしまったことは、レコード会社が取り得る戦略の中で最悪の一手だった可能性がある。これによって引き起こされた連鎖反応が、今、業界全体を脅威に晒しつつある。レコード会社が世界各地でナップスターやカザーのような相手を追い詰めようとする間に、イーミュールのようなちっぽけなアプリが次々と現れてくるのだ。

MGMをはじめとするレコード会社が愚かだというわけではない。また、これは彼らに限った問題でもない。ただ、MGMは、この新興勢力のことを十分理解するために、もう少し時間をかけるべきだっただろう。ここまでＰ２Ｐ事業者の事例を見てきたが、これらはまだ氷山の一角にすぎないのである。

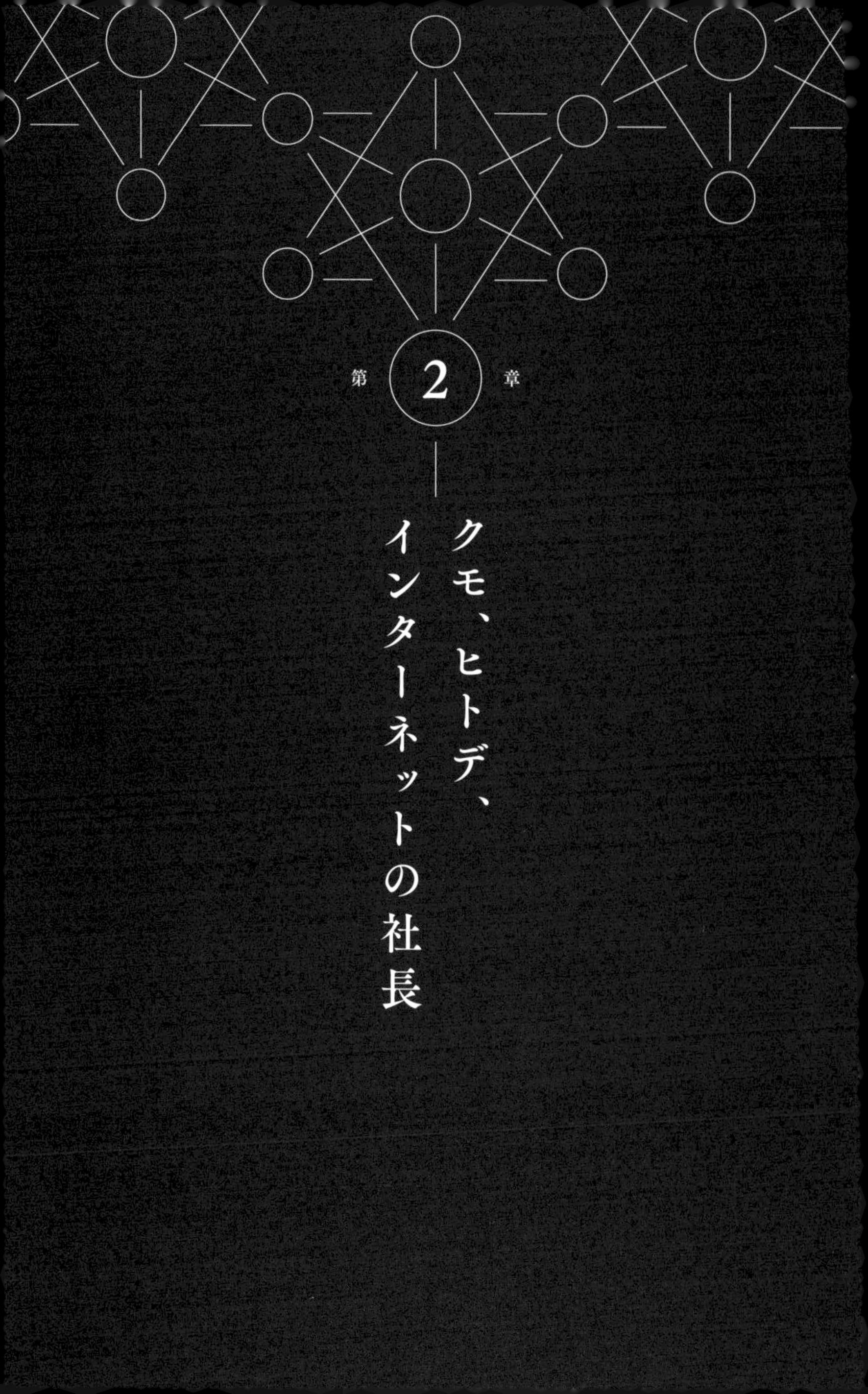

第2章 クモ、ヒトデ、インターネットの社長

時は1995年。デイブ・ギャリソンはある問題に直面していた。彼はネットコムという会社にCEOとして入社したばかりだった。ネットコムはAOLやアースリンクなどと同じく、初期のインターネットサービスプロバイダー（IPS）の1つである。そのギャリソンが直面していた問題とは何か？　それは彼がインターネットについて何も知らないということだった。だが、問題はそれだけに留まらない。彼は、インターネットという新しい技術を自分以上に知らない銀行から、資金を調達しなければならなかったのだ。

あれから10年。ギャリソンは、カリフォルニア州サンタクルーズのビーチを眺めながら、当時の様子を話してくれた。「実は、僕がインターネット業界に入ったのは、（シリコンバレーの）パロアルトにあるヘッドハンティング会社に声をかけられたからなんだ。インターネットが何なのかもわからなかったけれど、当時会社は手持ちのキャッシュがなくなってきていて、資金調達のために公募増資を行っている最中だった。インターネットについては、公募説明会に移動するリムジンの中で勉強したよ」

1995年頃と言えば、「オンライン」という言葉の意味を理解している人はわずかで、そういう人たちですら、今見ているウェブページから別のページにすんなり移動できないような時代だ（「ねえ、どうやったらさっきのページに戻れるんだっけ？」）。ましてや、インターネット全体の構造を把握している人間など、それ以上に少なかった。そんな中、リムジンでの独学が功を奏し、パリに到着した頃のギャリソンは、いかにもこの道のプロらしくなっていた。「一番面白かったのは、パリの最高級ホテルに入っている、ミシュランの星付きレストランでの出来事だった。だいたい30人ぐらいいたかな。みんな立派な服を着て、押し殺したような声で会話していた。短パンにTシャツというドットコム業界のファッションとは正反対だったね。みんな僕のことを、カリフォルニアからやって来たアメリカ版の激レアさん、みたいな目で見ていたよ。このアメリカの若者から、世界を変えるコンピュータとやらについて、何か素晴らしい話が聞けるらしいぞ、という感じでね。でも、途中から話が前に進まなくなってしまった。投資家の1人が、インターネットの社長は誰かと聞いてきたんだ。『インターネットに社長はいない』と答えると、そこから話は堂々巡りさ。なんとも奇妙な光景だった。何と言っても1995年の、しかもはじめ頃だからね。インターネットはまだまだ未知の代物だった。僕たちは『インターネットはネットワークのネットワークです』とか、『デパートの全顧客が何らかの形でネットワークを築き情報を共有したとしたら、パワーバランスに変化が生じると思いませんか』といった説明を繰り返すばかり。こちらがこんな調子だから、相手は『何だこいつらは？　クスリでもやってるのか？』ってなってしまった。インターネットが本当のところどれほど重要なものなのか僕たちにもわかっていなかったので、とても興味深い体験だったよ。ただ、それが何か根本に関わるものであること、これまでとはまるで違うやり方でコミュニティをつなぐ方法であることだけはわかっていた」

フランス人投資家たちにとって、ギャリソンの説明はまったくもって満足のいくものではなかった。公募に応じて金を出す以上、全体を取り仕切っている責任者の存在を確認したかったし、無秩序なシステムではないという確証を得たかったのだ。投資家には征服者コルテスが必要だった。おそらく、モンテスマ王でも納得してもらえただろう。だが、ギャリソンはそういう人間はいないとしか言わない。堂々巡りが続いた。フランス人投資家たちにすれば、インターネットの概念はあまりにも常識外れだった。とうとう彼らは怒り出してしまった。

投資家たちの質問の根底には「『組織は中央集権型であるべきだ、王様がいるべきだ、皇帝がいるべきだ、とにかく何かがいるべきだ』という思い込みがあった」。ギャリソンは当時を振り返ってこう述べている。5つ星ホテルの一室に集った30人ほどの投資家は、極めて知的レベルの高い人々であった。だが、そんな彼らでも理解できなかったのだ。ギャリソンはアプローチの仕方を変えて、インターネットはネットワークのネットワークです、と説明してみた。「僕らはこう言ったんだ。『3万から4万のネットワークが存在しており、これらすべてが通信に関わる責任を共有するのです』。すると相手は『でも意思決定は誰が下すんだ』と尋ねてきた。『誰も意思決定を下しません。物事は、皆が同意した基準に基づいて決まります。意思決定を下す人はいないんです』。けれども相手は何度も同じことを聞いてきたよ。『こちらの質問がわかっていないようだね。ちゃんと通訳できていないんだろう。いいかね、インターネットの社長は誰なんだ』。僕はインターネットが何であるか、できるだけダイレクトな形で伝えようとがんばったんだが、正直まるで駄目だった」

ついに、ギャリソンの方が根負けした。そして、フランス人投資家たちが待ち受けていた言葉を口にした。「僕は、『私がインターネットの社長です』と言ってしまった。そうでもしないと、売り込みのための口上を終えられそうもなかったからね。ふざけるつもりはなかった。ただただ、前に進みたい、株を買ってもらいたいという一心だった。いいかい、こういうわけで僕はインターネットの初代社長ということになり、パリで自らそう宣言したんだ。本当の話だよ」

ギャリソンがパリで会った投資家たちは、地球が平らだと信じて疑わないような超保守的な人々ではない。だが、当時は、インターネットというテクノロジーが世に出たばかりの頃だった。投資家たちが心配するのは当然だったし、矢継ぎ早に質問するのももっともだった。だが、この一連のやり取りの中に、多くの人々に共通するある習性が如実に示されている。それは、ひとたびある見方に慣れてしまうと、「別の見方をしたら」と想像するのが難しくなるという習性だ。中央集権型というレンズを通して見ることに慣れた人にとって、分権型組織は支離滅裂で理解しがたいものだ。フランス人投資家たちにとって、インターネットという新しい科学技術は理解しがたいものだった。なぜなら、インターネットのどの要素をとっても、彼らの世界観にフィットしなかったからだ。彼らも200年前のスペイン軍と同じように、ものの見方が固定化していた。すなわち、組織には構造と規則とヒエラルキーがあり、当然社長もいるはずだと思い込んでいたのである。

MGMがなぜ苦境に陥ったかは、歴史を振り返ることで解明できた。同じように、フランス人投資家たちがなぜ困惑したかは、自然に目を向けることで解明できる。結論から言うと、彼らはヒトデをクモと取り違えたのである。

よく知られているように、クモは体の中心部から8本の足が生えている。また、虫眼鏡で観察すると、小さな頭と8つの目も確認できる。フランス人投資家たちに、クモを取り仕切っているものは何だと尋ねられたら、明確に頭だと答えればいい。頭を切り落とせば、クモは死ぬ。おそらく足が1、2本ちぎれても死にはしないだろうし、ひょっとすると目を2つぐらい失っても大丈夫かもしれないが、頭なしでは絶対に生きていけない。そうであれば、初めてインターネットの話を聞いたフランス人投資家たちが、誰が取り仕切っているのか、つまり頭はどこにあるのかを知りたがったのも当然というわけだ。この質問は、ある中央集権型組織のことを知る上で最も重要な質問と言っていい。

ところが、インターネットの説明を受けていたフランス人投資家たちが相手にしていたのは、実はクモではなかった。彼らの目の前にいる相手はヒトデだったのだ。一見したところでは、ヒトデはクモとよく似た形をしている。クモと同じように、ヒトデも体の中心部から何本かの足が突き出ているように見える。だが、ヒトデがクモと似ているのはここまでだ。ヒトデというのは、トム・ネビンズが研究対象にしそうなタイプの生き物、つまり分権型の生き物なのだ。

クモは、ほぼ見た目どおりの生き物と言っていい。体は体だし、頭は頭で、足は足だ。だが、ヒトデはまったく違う。ヒトデには頭がない。体の中心部分が全体を仕切っているわけでもない。それどころか、主な器官はそれぞれの腕の中に複製された状態で収まっている。ヒトデを半分に切断すると、驚くべきことが起こる。真っ二つにされて死ぬどころか、2匹のヒトデとなって生き延びるのだ。

ヒトデは信じられないような特性を備えている。腕を切り落としても、ほとんどのヒトデの場合、新しい腕が生えてくるのだ。また、リンキアという長い腕をもつヒトデのように、種類によっては、切断された1本の腕から新しい個体が再生されることもある。リンキアはかなり細かく切り刻んでも、それぞれの肉片が新しいヒトデとして生まれ変わる。こうした魔法のような再生が可能なのは、ヒトデという生き物が、実は神経のネットワーク、より根本的には細胞のネットワークでできているからだ。クモのような頭をもたないヒトデは、分権型のネットワークとして機能している。そして、この点はよく注意して聞いていただきたいのだが、ヒトデが動くためには、ある1本の腕が他の腕を説得して、なるほど動くのもいいかもしれないと納得させなければならない。最初の腕が動き始めると、まだ十分に解明されていないプロセスを経て他の腕も協力し、動き始める。脳が「動いてよし」と許可を出したり、「駄目だ」と禁止したりはしない。より正確に言うと、許可したり、禁止したりといった判断を下す脳そのものが存在しないのだ。ヒトデには脳がない。中央で指令を発する器官がない。ヒトデの動く仕組みについて生物学者たちは未だに解明できず、頭をかきむしっているが、トム・ネビンズの見方に倣えば、完全に説明がつく。ヒトデを動かす仕組みは、アパッチ族のナンタンによく似ている。クモが生物界のアステカ族だとしたら、ヒトデは間違いなくアパッチ族だ。

クモの世界の住人であるフランス人投資家たちにとっては、ヒトデの可能性を正しく評価するのはもちろんのこと、ヒトデについて完全に理解することすら難しかった。それが、彼らがインターネットの社長にこだわった理由だ。ここから、分権に関する第2の原則、すなわちヒトデはクモと間違えやすいという原則が導かれる。

第2の法則
ヒトデはクモと間違えやすい。

音楽ファイルの交換に熱中するティーンエイジャーや、アリゾナの砂漠に暮らす先住民族に初めて遭遇した人間は、往々にして相手の力を過小評価してしまう。こうした相手を理解するには、従来とはまったく異なる観点が求められるからだ。

ここで、ヒトデ型組織の中でも最もよく知られた例を紹介しよう。1935年のある日、ビル・ウィルソンはいつものように缶ビールを握りしめていた。彼は、それまでの20年間の大半をビールやその他のアルコールを手にしながら過ごしてきた。その結果ついに、医者から「酒をやめなければあと半年の命だ」と告げられるに至った。さすがにこう言われると心が乱れたが、それでも酒はやめられない。依存症は容易に克服できないのだ。

ウィルソンは追い詰められた。こんなことになる前に専門家を頼っていれば良かったのにと思うかもしれないが、専門家は助けにならなかった。皆、力になろうとはしてくれたが、アルコール依存症は克服できなかった。数多くの治療法を試みたが、どれも効果がなかった。ウィルソンは自分を恥じた。死ぬのが怖かった。完全に希望を失っていた。何かを変えなければならなかった。

こうなって初めて、ウィルソンは今の事態をとことんまで突き詰めて考えてみた。まず、自分一人でアル中に挑んでも勝ち目がないのはわかっていた。専門家も自分には役に立たない。なぜなら、彼のように頭の回転が速いタイプの依存症患者は、専門家からアドバイスをもらっても、何やかやと理屈をこねて酒に手を出してしまうからだ。ここまで考えたところで、突如アイデアが閃いた。そうだ、同じ境遇で苦しんでいる人からなら、助けが得られるに違いない。同じ問題を抱える人間同士は互いに同等だ。精神科医に反抗するのは簡単だが、仲間をはねつけるのは相当に難しい。

こうしてアルコホーリクス・アノニマス（匿名のアルコール依存症患者たち。通称ＡＡ）が誕生した。

ＡＡには全体を取り仕切る特定の責任者はいない。しかしそれは同時に、一人ひとりが責任を負っているということでもある。ネビンズの言う、開かれた組織の実例だ。ＡＡの活動は、まさにヒトデそのものと言っていい。参加したその瞬間から、リーダーシップを発揮する立場——言ってみればヒトデの腕の1本——に自動的に組み入れられるからだ。このように、ＡＡは新しいメンバーが加わったり、既存のメンバーが退会したりするたびに常に形を変えている。ただ1つ変わらないのは、有名な回復のための12のステップだけだ。責任者はいないので、自分を含めたメンバー全員が順調に回復の道を辿れるよう監督する責任は、一人ひとりが負っている。新入りか古参かもあまり関係ない。どちらにしろアルコール依存症なのだから。スポンサーと呼ばれる、アパッチ族のナンタンのような人はいる。スポンサーは強制するのではなく、自ら模範を示すことでメンバーを導く。メンバーは、途中でくじけて禁酒を破ったり、しばらくミーティングをサボッたりしても、いつでも気兼ねなく戻って来られる。ＡＡには申込用紙も、オーナーも存在しない。

ＡＡにはオーナーがいない。ウィルソンがこのことを実感したのは、ＡＡが大成功を収め、世界各地からＡＡの支部を開きたいという申し出があったときだ。ウィルソンは重大な決断を迫られた。クモ型のやり方を選んで、各支部の運営をコントロールするという方法も考えられる。この場合、ウィルソンはＡＡのブランドを管理するとともに、入会してきたメンバーにＡＡ流のやり方を指導しなければならない。一方で、ヒトデ型のアプローチをとり、自分は身を引くこともできる。ウィルソンは後者を選んだ。運営は完全に各支部に任せることにしたのだ。

ウィルソンは各支部を信頼し、それぞれが正しいと思うやり方でやればよいと考えた。今日、アラスカ州アンカレッジからチリのサンティアゴまで、世界各地でＡＡの集会が開かれている。そして、誰でもその気になれば、自分で集会を開くことができる。ＡＡ

開設以来、メンバーはウィルソンやその他の誰からも許可や承認を得ることなく、直接メンバー同士で助け合ってきた。こうした特質を備えているが故に、開かれた組織は状況に素早く順応し、対応できるのだ。

こうしたＡＡの状況と、観測史上最悪のハリケーンの1つ、１９３５年のレイバー・デー・ハリケーン（労働者の日のハリケーン）に見舞われたフロリダキーズの状況とを比較してみよう。ハリケーンが接近する中、気象学者たちは、フロリダキーズは直撃されないという楽観的な予報を出していた。だが、退役少佐のエド・シーランには、そうは思えなかった。当時シーランは、フランクリン・ルーズベルト大統領による公共事業プロジェクトに携わっており、４００人以上の労働者を監督する立場にあった。彼は20世紀初頭に発生した別の大型ハリケーンを体験しており、今回もまた大変な事態になりそうな気がして仕方がなかったのだ。と言っても、彼は単に勘に頼っていたわけではない。気圧計の値は彼の懸念が正しいことを明確に示していた。ハリケーンは間違いなく、フロリダキーズに向かって進んできている。

シーランは意を決して上司に状況を伝えた。上司はジャクソンビルの本部に電話を入れ、直撃の恐れもあるので万一に備えたいと伝えた。最善の策は労働者を避難させることだ。本部は上司の進言を受け入れ、避難用の列車をフロリダキーズに送り込む手はずを整えた。だが、1つだけ問題があった。誰も労働者たちに、列車で避難するよう伝えなかったのだ。

列車が、来たときと同じ状態で戻ったことを知ったシーランは、再び警告を発した。労働者たちをすぐに避難させるべきだ、と。警告は指示命令系統を少しずつ遡り、ようやく本部に伝えられた。だが、一度痛い目にあっている上層部は列車の再派遣を見送り、しばらく様子を見ることにした。もしかすると、シーランは大袈裟すぎるのかもしれない。それに、いよいよのっぴきならない状況になったときには、マイアミから列車を派遣すれば済む話だ。同じ頃アメリカ気象局も、シーランの警告は空騒ぎにすぎないと結論づけていた。

だが不幸なことに、正しかったのはシーランの方だった。風速71・5メートルという猛烈な勢いのハリケーンがフロリダキーズを直撃した。本部もようやく救助活動を承認したが、時すでに遅し。絶好のチャンスはすでに過ぎ去っていた。2度目に派遣された避難用列車は風にあおられて脱線。このハリケーンで亡くなった労働者は259人にのぼる。

当時のフランクリン・ルーズベルト政権が、中央集権型組織ならではの強みをもっていたことは間違いない。何百万人もの国民を飢えから救い、深刻な影響をもたらした恐慌から世の中を立ち直らせていたのだから。だが、ルーズベルト政権は現在の政権と同じく、中央に権限が集中しすぎており、立ち往生する労働者たちを迅速に救い出せなかった。2005年にハリケーン・カトリーナがニューオーリンズを襲ったときも、現地の状況を一番よく知っていたのはその場にいた人々だった。だが、彼らには大規模な救助計画を実行する権限が与えられていなかった。クモが物事に対処する際は、まず情報が頭まで伝えられ、次に頭が情報を処理し、戦略を練った上で、ようやく対応策がとられる。こうした観点から見ると、1935年のフロリダキーズの出来事も、2005年のニューオーリンズの出来事も、誰か一人のミスのせいではないことがわかる。もちろん、最善の判断を下せなかった関係者もいたには違いないが、真の原因は組織そのものにあったのだ。ヒトデ型組織が求められるのは、まさにこういうときだ。

仮にシーランが開かれた組織の一員だったら、自らが模範となり行動を起こせただろう。自分の直感と気圧計の値から危険を察知した時点で、「私はここから出て行く。自分もそうしたいと思う者は、誰であれ一緒に来て構わない」と宣言できたはずだ。さらに、自分の経験や気圧計の値をもち出してジャクソンビルの上層部を説得する必要もなく、独自に避難計画を立てられたに違いない。もちろん、シーランが間違っている可能性もあり、その場合、労働者たちは無駄に避難したことになる。開かれた組織の決定の方が常に優れているというわけではない。ただ、開かれた組織であれば、メンバー各自が情報にアクセスし、それを活用する権限もあるので、より素早く対応できる。

ここから、分権に関する第3の原則が導かれる。

第3の法則
開かれた組織では、情報は中央に集中せず、組織全体に分散している。

情報と知識は、実際に活動が行われている現場の近くへと、自然と流れ込んでいく。ヒトデ型アプローチを取ると決めたAAとウィルソンに話を戻そう。ウィルソンの決断は正しかった。開かれた組織にして正解だったのだ。AAは今日までに数え切れないほどの人々を救ってきた。数え切れないというのは、文字通りの意味だ。AAのメンバー数を知りたいと思っても、調べようがない。支部の数もわからない。AAが開かれた組織であるが故に、誰にもわからないのだ。そもそも数字を管理する中央組織というものが存在しない。AAは柔軟で、平等で、絶えず変化する組織なのである。やがて、AAの成功を聞きつけたアルコール以外の依存症患者たちが、例の12のステップを取り入れて、薬物依存症や食物依存症、ギャンブル依存症などを治療するための組織を立ち上げるようになった。AAはこうした動きにどう反応しただろうか。彼らはただ、「それは良かった。どんどんやっていこう」と言っただけだった。これらはすべて、開かれた組織の構造上の特徴がもたらした結果だ。開かれた組織は容易に変化させられる。これが分権に関する第４の原則だ。

第４の法則
開かれた組織は容易に変化させられる。

ＡＡはウィルソンの当初のビジョンをはるかに超えて、驚くほど強靭で永続的な組織、つまり、多くの点でアパッチ族に類似した組織へと変貌を遂げた。アパッチ族はヨーロッパの侵略者にどう対応するかを予め考えてはいなかった――いや、考えられなかった――が、いざスペイン軍が現れると、やすやすと社会のあり方を変化させた。それまでは村で暮らしていたのが、遊牧生活を始めるようになった。その決定を中央組織に承認してもらう必要もなかった。アパッチ族の社会は開かれていたので、実際に遊牧生活に切り替えるのも容易だった。同様に、ウィルソンも自分のアルコール依存症の治療法が、ギャンブル依存症や食物依存症の役に立つなど考えたことすらなかった。彼もまた、いっさい組織を統制しようとはしなかった。分権型組織は、外部勢力が出現するやいなや、新たな課題や必要性に対処すべく、たちまち姿を変えるのである。

ＡＡとイーミュールには共通点が多い。ウィルソンも、イーミュールを最初に公開した無名のハッカーも、どちらもＣＥＯではなかった。むしろウィルソンは、新しい発想を促す触媒であり、しばらくすると自らは身を引いた。彼が組織の中枢となる機関を設けなかったおかげで、ＡＡは変化し、絶えず形を変え続ける能力を得たのである。

このことが、企業同士の争いにどのような影響をもたらすかを確認しておこう。ナップスターが出現し、既存のレコード会社は大きな打撃を被った。以降レコード業界では、開かれた組織と強制的な組織が、まったく異なる対応を取りながら争い続けることになった。レコード会社では、あらゆる意思決定に際して重役たちによる検討と承認が求められる。一方、Ｐ２Ｐサービス会社はすさまじいスピードで物事に対応し、絶えず変化しながら常にレコード会社の一歩先を行く。次から次へと生じる変化に対応するのは、指で水銀をつまもうとするようなものだ。ナップスターを潰したと思ったら、突如としてカザーが現れる。カザーを退治したと思ったら、今度はカザー・ライトが出現するといった具合に、同様の事態が繰り返された。Ｐ２Ｐサービス会社は規模が小さく、自由に使える経営リソースはさほど多くないが、驚異的なペースで反応し、変化することができる。ヒトデ型組織に取り囲まれたクモ型組織にとって、何よりも厄介なのがこの点なのだ。

あなたがクモ型組織の一員であれ、企業間の争いを外から眺めるだけの傍観者であれ、分権に関する第5の原則に早晩気づくだろう。その原則とは、分権型組織はこっそり近づいてくるというものだ。

第5の法則

分権型組織はこっそり近づいてくる。

分権型組織が素早く変化できるということは、信じられないほどのスピードで成長する可能性もあるということだ。クモ型組織は、ゆっくりとリソースを蓄え、中央集権の度合いを増しながら、長い時間をかけてクモの巣を張り巡らしていく。だが、ヒトデ型組織であれば、一瞬にして業界全体の支配権を握るという事態も起こり得る。過去数百年にわたって、人々は専門家に頼りながらアルコール依存症と闘ってきた。ところがＡＡは設立からわずか数年で、依存症から抜け出すための有効な手段として認められるようになった。産業革命以来、通信手段と言えば郵便であり、電報であり、電話であった。だが、インターネットは10年にも満たない間にすべてを変えてしまった。

レコード業界は、過去一世紀の間、ほんの一握りの企業に支配されていたが、ハッカーの一団が登場し業界の地図を大きく塗り替えてしまった。われわれはこの後、同様のパターンがさまざまなセクターやさまざまな業界で繰り返されるのを目にすることになる。筆者らは、こうした激しい変動が生じることを「アコーディオンの原理」と名付けた。産業界は分権型と中央集権型の間を長い時間をかけ行ったり来たりを繰り返す。業界や団体の集権化の度合いが行きすぎると、人々が反発して、開かれたヒトデ型の組織を作り出す。いや実際には、イーミュールのように分権化が進んだ結果、もはや組織とは呼べないような例もある。イーミュールでは権限が徹底的に分散されているため、メンバーには相当な自由が与えられている。分権化が極端なまでに進むと、非常にゆるやかな人々の集まりが驚くほどの力をもつという、組織なのか組織でないのか判然としない状態になる場合もある。

その実例として、19世紀の音楽業界を見てみよう。当時は、バイオリニストのヨーゼフ・ヨアヒムのような演奏家が音楽業界の中心的存在であった。アメリカでメキシコ人とアパッチ族とが激しく争っていた1830年代、ヨーロッパでは幼いヨーゼフ・ヨアヒムがバイオリンの練習に励んでいた。ヨアヒムの先生たちは彼がずば抜けた才能の持ち主であると見抜いていたが、実際の彼の才能はその予想すら超えるものだった。やがてこの少年バイオリニストは、有名な作曲家フェリックス・メンデルスゾーンという大音楽家に師事することになる。

19世紀の音楽シーンで一旗揚げるためには、ひとかどの演奏家でなければならなかったが、ヨアヒムはまさにそういう音楽家だった。メンデルスゾーンに伴われてロンドンを訪れたヨアヒムは、熱狂的な歓迎を受けた。ロンドン市民は彼に夢中だったが、ヨアヒムが町を去ると、彼の妙技も共に町を去って行った。当時はレコードが登場する数十年前であり、ベストヒット・アルバムなどというものも、もちろん存在していなかった。

1887年、トーマス・エジソンが音を再生する方法を考案し、蓄音機を発明した。これによって世界は一変した。音楽を自宅にもち帰れるようになったのだ。レコードを聴く人が日増しに増え、何百という小さな録音スタジオが生まれた。音楽業界の力関係が変わり始めた。音楽家一人ひとりが力をもつのではなく、録音スタジオが新しい才能を発見し、ラジオを通じて、あるいは店舗で、レコードを売りさばくことができるようになった。

こうして、レコーディング契約なるものが誕生する。プロの音楽家としてやっていくには、レコード会社に才能を認めてもらい、投資してもらわなければならなくなった。小数の大手レコード会社が現れ、音楽業界は中央集権化の度合いを強めていった。

ヨアヒムとイツァーク・パールマンのキャリアを比べてみよう。パールマンは、ヨアヒムが亡くなって40年ほど経った1945年に生まれた。1945年は蓄音機用レコードの売上が初めて楽譜の売上を上回った年でもある。ヨアヒム同様、パールマンもその独自の才能を認められた音楽家だ。ヨアヒムのロンドンでのデビュー公演と同じく、パールマンもカーネギー・ホールの聴衆の度肝を抜いてデビューを飾った。だが、二人の共通点はこまでだ。ヨアヒムと違って、パールマンのファンのほとんどは彼の生演奏に接したことがない。パールマンが音楽家として成功したのは、現代の一流音楽家の誰もがそうであるように、大手レコード会社の力によるものだ。20世紀の終わりまでに、世界全体のレコード産業の80パーセントが、ソニー、EMI、BMG、ユニバーサルミュージック、ワーナー・ブラザースの5社によって占められるようになった。小規模なレコード会社はあまり残っておらず、何とかがんばって成功を収めたところがあっても、先の大手5社にあっという間にすくい取られ、買収された。蓄音機誕生から100年、大手レコード会社が強大な力をもつようになり、小規模レコード会社や独立した音楽家たちを締め出してしまったのである。

その後、ショーン・ファニングのナップスターが登場し、業界を震撼させたことはすでに見た通りである。一世紀かけて築き上げられてきた業界が、わずか5年ですっかり様変わりしてしまった。業界の勢力図は根本的に書き換えられ、クモ型の大手レコード会社から、グロックスターやイーミュールといったヒトデ型の会社へと権力は移行していった。これこそ分権化革命の好例と言えよう。

左の図は、過去115年間の音楽業界の推移を示したものである。まず注目してほしいのは、1890年の時点では個々の音楽家が力をもっていたという点である。だが、1945年になると、独立系のレコード会社が登場してきたことがわかる。両者を合わせた音楽業界全体の売上は伸びたが、音楽家の市場シェアは低下した。1945年の売上の大半はレコードの販売によるものだったのだ。1800年代に、ヨアヒムの演奏活動のおかげで大金持ちになった者はいなかったが、業界の中央集権化が進むにつれてレコード会社が儲かるようになってきた。蓄音機の登場以前、ヨアヒムは千人の聴衆の前で演奏していたが、時代は変わって何百万もの人々がパールマンのレコードを買い、しかも1枚売れるたびにレコード会社にかなりの利益がもたらされるようになった。20世紀の末に向かって、この傾向にはいっそう拍車がかかった。図の2000年のところを見ると、音楽業界が徐々に、しかしながら大規模に中央集権化を進めていったのがわかる。大手5社が市場シェアの大部分を占め、大きな利益を上げていた時期だ。2001年に何が起こったかについてはすでに述べた。そう、ナップスターの登場である。その後2005年までの間に、業界は大きく様変わりした。ソニーとBMGは合併し、タワーレコードは倒産した。ティーンエイジャーが新しい音楽を求めてCDショップに殺到するという光景は完全に過去のものとなった。残った大手4社の売上は、2001年から25パーセントも減少した。いったいその分はどこへ行ったのだろう?

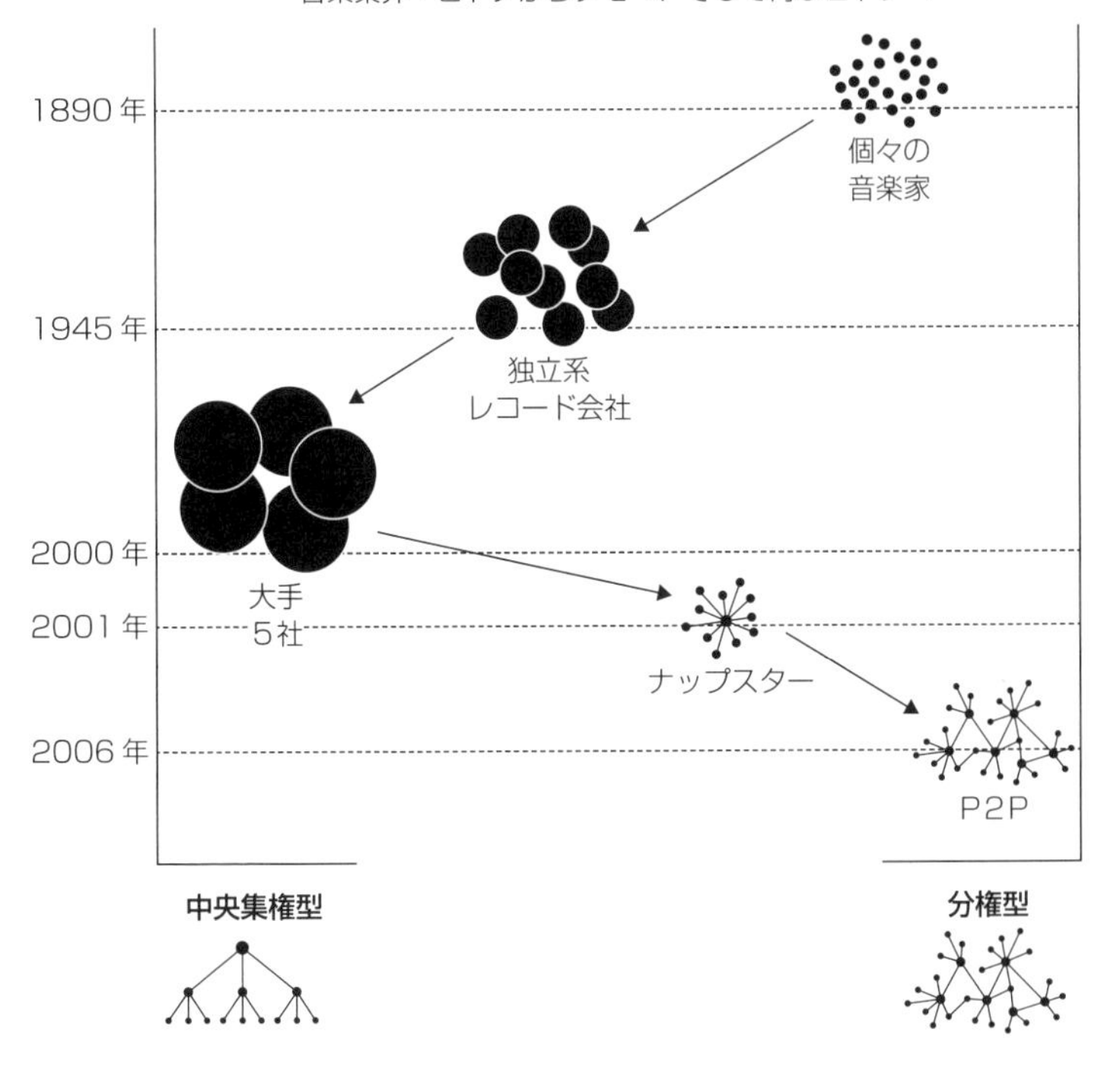
音楽業界：ヒトデからクモへ、そして再びヒトデへ
1890年
1945年
2000年
2001年
2006年
個々の
音楽家
独立系
レコード会社
大手
5社
ナップスター
P2P
中央集権型
分権型

答はＰ２Ｐサービス会社ではない。その分は、ただ消えてしまったのだ。ヒトデ型組織は荒稼ぎをしていたわけではなく（例外もあるが、それについては次章で）、業界全体の売上を減らしていたのだ。これが分権に関する第６の原則、すなわち業界内で分権化が進むと、業界全体の利益が減少するである。

第６の法則

業界内で分権化が進むと、業界全体の利益が減少する。

ヒトデ型組織を導入するのは、利益を諦めるのとほぼイコールなのだ。だからこそ、ヒトデが現れて業界に嵐を巻き起こさないよう、十分に目を光らせておかなければならない。ポイントは、爆発的な変化が起きる前に気づくことだ。フランス人投資家たちの例でわかる通り、ヒトデとクモを区別するのは、予めそのやり方を心得ていないと難しい。とりわけ、状況を的確に把握できていない場合はそうだ。ＭＧＭをはじめとするレコード会社の場合もまったくその通りで、フランス人投資家たちと同じ落とし穴に繰り返しはまり続けたのだった。フランス人投資家たち――さらに言うとスペインの将軍や大手レコード会社の社長たち――は、開かれた組織に遭遇すると蓋を開けて中を覗いてみた。だが、そこに中枢神経系が見当たらなかったため、ある者はこの生物のことをすっかり忘れ去り、ある者は取るに足らないクモの一種だと見なしてしまった。

では、フランス人投資家たちと同じ穴に落ちないためには、どうすればよいのか。以下の各項目を確認することだ。

1 全体を取り仕切る人間がいるか?

強制的組織には秩序とヒエラルキーが不可欠だ。そこには必ずピラミッド型の指揮命令系統があり、必ず全体を取り仕切る人間がいる。簡単に言うと、CEOがいれば、おそらくそれはクモ型組織だ。一方、開かれた組織はフラットな構造をしている。誰かが頂点に君臨するようなピラミッドは存在しない。

MGMには明らかにCEOがいる。CEOは支配者であり、どの市場に参入するか、どんな戦略をとるか、どのＰ２Ｐサービス会社を次の標的にするかを決める。そこにはヒエラルキーがあり、明確な説明責任が存在する。ＣＥＯといえども役員会の監督下にあるのだ。

一方、アパッチ族には意思決定を下す中枢機関はなく、全体を取り仕切る者もいない。ナンタンは助言はするが、いっさい命令はしない。同様に、ビル・ウィルソンはＡＡを設立したが、すぐに第一線から退いた。イーミュールに至っては、ＣＥＯがいないどころか、そもそも誰が始めたのかさえわかっていない。そして、デイブ・ギャリソンには気の毒だが、例のフランス人投資家たちも最後にようやく気づいたように、インターネットに社長などいないのである。

２ 本部があるか？

すべてのクモ型組織には物理的な意味での本部がある。本部は絶対に必要なものと考えられているため、ある会社がまっとうな会社かどうかを判断する際に、本社所在地の有無が判断材料とされることも多い。結局のところ、私書箱しかないような会社に高価な宝石を注文する人間などいないのだ。

ＭＧＭのＣＥＯを訪ねたければ、荷物をまとめてロサンゼルスに向かえばいい。だが、イーミュールのトップを訪ねたい人には、幸運を祈るとしか言いようがない。ヒトデ型組織にとって、固定的な拠点や本部というものはあまり意味がない。もちろんＡＡにも所在地情報やニューヨークの事務所一覧はあるが、そこにＡＡが存在しているわけではない。ＡＡという組織は各地に分散しており、公民館や教会、時には空港の中でまでミーティングが開かれている。それがどこであろうと、メンバーが集まろうと決めた場所にＡＡは存在しているのだ。

3 頭に一撃を食らわすと死ぬか？

頭を切り落とせば、クモは死ぬ。企業の本部を破壊すれば、おそらくクモ型組織は壊滅する。だからこそ、暗殺者は一国の大統領を狙い、軍隊は敵の首都を侵攻するのだ。ミズーリ州在住の一般男性、ジョーが暗殺者のターゲットになることは、まずないだろう。

ヒトデ型組織は、切り落とそうにも、そもそも頭がない場合が多い。スペイン軍はナンタンを殺害していったが、殺しても殺しても新しいナンタンが登場してきた。ビル・ウィルソンが亡くなった後も、AAは発展し続けた。レコード会社がイーミュールの創業者を何とか捕まえられたとしても、P2Pサービスは何事もなかったかのように続いていくだろう。

4 明確な役割分担があるか？

たいていの中央集権型組織は複数の部門に分かれており、部門間の区分はかなりはっきりしている。マーケティング部門はマーケティングを専門とし、人事部門は人事を担当するといった具合に。各部門の役割と責任は、かなり固定化されてもいる。中には複数分野にまたがる役割を担う部門もあるが、全体的には、部門ごとに明確に機能が分かれている。1つの部門がクモの足の1本に当たる。健全なクモ型組織の場合、1本1本の足がしっかりと安定しており、組織全体の重さを支えている。

分権型組織の場合は、誰もが好きなことをやれる。分権型組織のどの一部分をとっても、それはヒトデの腕のようなものである。社長への報告義務といったものはなく、ただ自分自身に対してのみ責任を負っている。AAのメンバーが新しいサークルを始めたいと思えば始められるし、イーミュールのメンバーが新曲を数千曲アップしたいと思えばアップできる。誰もが自分の好きな仕事をして構わないのだ。

5 組織の一部を破壊すると組織全体が傷つくか？

分権型組織内の各部分は、当然のことながら完全に自立している。一部を切り離しても、組織全体はほとんど影響を受けない。それどころか、切断された腕が1個の新しい組織として生まれ変わる可能性もある。AAからあるサークルを分離しても、サークルもAA自体も共に生き残るだろう。分離されたサークルが、依存症患者を支援する新しい組織に発展する可能性もある。インターネット上のウェブサイトの半数を破壊したら、どうなるだろうか？　インターネットはそのまま生き残るだろう。では、95パーセントを破壊したら？　答えは同じだ。インターネットはもちこたえるだろう。実際、インターネットは核攻撃を受けても耐えられるよう設計されているのだ。同様に、P2Pネットワークのかなりの部分を破壊すると、しばらくは利用できる曲数が減るかもしれないが、ネットワークはほどなく元通りになるだろう。

中央集権型組織では、すべての部門が重要だ。クモが足を1本失ったら大いに動きにくくなるだろうし、さらに足を失い続ければ命すら危うくなる。経理部門を会社から切り離したら、切り離された経理部門がさまざまな部門を備えた1つの会社として生まれ変わる、などという奇跡は期待できない。メーカーが工場を破壊されたら、回復不可能なほどのダメージを被るだろう。

6 権限と知識は集中しているか、分散しているか?

クモ型の会社では、権限と知識がトップに集中する。全体を取り仕切る責任者が最も多くの知識と、重要な意思決定を下す権限をもつとされている。1935年にハリケーンがフロリダキーズを襲った際、最もよく状況を把握し、迫り来るハリケーンへの対応策を決める権限をもつのは、当然アメリカ気象局だと見られていた。

ヒトデ型組織では、権限が組織全体にわたって分散している。すべてのメンバーが他のメンバーと同じレベルの知識と権限をもつとされているのだ。AAの各サークルは、自分たちのメンバーのニーズを把握しており、それぞれの状況に応じた対応策を決める権限をもっている。

7 組織は柔軟性があるか、それとも硬直しているか?

分権型組織には明確な形がなく、とても流動的だ。権限と知識が分散しているため、内的・外的なさまざまな事態に応じて、各部分がスピーディに——絶えず拡大したり、成長したり、縮んだり、変化したり、死んだり、再生したりしながら——対応できる。こうした特質のため、組織は極めて柔軟性に富むものとなっている。インターネットはその好例だ。毎日何千という新規サイトが誕生する一方で、無数のサイトが消滅している。同じように、AAは何らかの必要性が生じるたびに、新しい組織へと迅速に姿を変える。AAがどれほど成長していようが、どのような歴史をもっていようが、そんなのはお構いなしだ。組織内のどの部分であろうとも、ためらうことなく、楽々と姿を変えられる。ヒトデの腕は、それぞれが比較的自由に振る舞えるので、さまざまな方向へと伸びていけるのだ。

これに比べると、中央集権型の組織は構造への依存度が大きく、そのためもあって硬直したものになりがちだ。ある日突然数人の銀行員が集まって、「今日からうちの支店では住宅ローンに換えてレモネードを売ることにしよう」と決めるわけにはいかない。

8 従業員や参加者の数を把握できるか？

どんなクモ型組織であっても、成員の数は数えられる。給与支払い名簿や会員名簿などの記録を調べればすぐにわかる。ＣＩＡのように、雇用情報を極秘扱いするような秘密主義の組織であっても、調査官や職員の数は把握している。既存の適切な情報に当たりさえすれば、部外者であってもおおよその従業員数は推定できる。

だが、ヒトデ型組織の場合、メンバー数を把握することは、通常は不可能である。誰も記録をつけていないからというだけでなく、開かれた組織は誰もがいつでも参加でき、いつでもやめられるからだ。今現在、何人の人がインターネットを使っているかを把握するのは不可能だ。せいぜい、何台のコンピュータがインターネットに接続しているかを見積もるのが関の山だろう。インターネットを利用している人の実数も、あるコンピュータの前に実際には何人の人がいるのかも、知りようがない。もっと難しいのは、インターネット利用者がトータルで何人いるかを調べることだ。最近、9億5000万人という推定値が発表されたが、これは単なる統計上の推測にすぎない。理論上、利用者全員を調査し正確な数値が得られたとしても、その1000分の数秒後には初めてインターネットを使うユーザーがログオンし、数値は不正確なものになってしまう。

同じように、スペイン軍の兵員数は調べられても、アパッチ族が何人いたのかははっきり把握できない。活動中のAAの支部が全世界でいくつあるのか、ある時点でイーミュールを利用している人が何人いるのか、誰にもわからないのである。

9 グループは活動資金を組織から得ているのか、それとも自身で調達しているのか？

分権型組織内のグループは、それぞれが自立しているため、ほとんどの場合自力で資金調達をしている。開かれた組織の場合、全体の資金を一括で管理するような仕組みがないのが普通である。個々のグループは外部から資金を得ることもあるが、外部からの資金調達や資金管理は、ほとんどの場合各グループの責任において行われる。

中央集権型組織では事情がまったく異なる。利益を生む部門がある一方で、伝統的に利益を生まずコストだけがかかる部門もある。本部が利益を再配分し、すべての部門に適切に資金が行き渡るよう管理している。本部からくる資金がなければ、各部門は生き延びられない。たとえば、MGMの本部がマーケティング予算の全額カットを決めたら、マーケティング部門はあっという間に息絶えるだろう。

10 グループ同士は直接コミュニケートするか、それとも仲介者が必要か？

一般に中央集権型組織では、重要な情報は本部を経由して処理される。1935年のハリケーンの際、シーランは自身の懸念をジャクソンビルの本部に伝えなければならず、避難用列車の運転士に連絡するかどうかは、情報をもらった本部が決めることになっていた。これと同様に企業で典型的に見られるのが、マーケティング部門がある商品の販売状況を調査し、その情報を役員たちに伝え、役員たちが市場の需要にどう応えるかを決めた上で工場に増産もしくは減産の指示を出すという流れだ。

このやり方を極限まで推し進めたのがソビエト連邦政府であった。ウレンゴイの住民が

160キロ北にあるタゾフスキーの友人に電話をかけるには、1600キロ以上も西にあるモスクワを経由するようになっていた。なぜか？　クレムリンがあらゆる通話――政府の転覆を画策する電話であろうと、トラクターのスペア部品を探すための電話であろうと――をチェックしようとしていたからだ。通信網を中央で統制しようとしたのは、ソビエト政府が最初ではないし、最後でもない。ローマ帝国は広大な領土を誇っていたが、極めて中央集権型の交通網を維持していた。「すべての道はローマに通ず」ということわざはここから生まれたのである。

一方、開かれた組織のコミュニケーションは、メンバー間で直接行われる。アパッチ族もイーミュールのユーザーも、他のメンバーと直接コミュニケートできる。ローマに通じる道は1本もない。そもそもローマがないのだから。モスクワ経由で電話をかけたくても、モスクワがない以上、不可能なのだ。

スペイン軍

中央集権型			分権型
全体を取り仕切る人間がいる	○		全体を取り仕切る人間がいない
本部がある	○		本部がない
頭に一撃を食らわすと死ぬ	○		頭に一撃を食らわしても死なない
明確な役割分担がある	○		明確な役割分担がない
組織の一部を破壊すると組織全体が傷つく	○		組織の一部を破壊しても組織全体は傷つかない
知識と権限が集中している	○		知識と権限が分散している
組織が硬直	○		組織が柔軟
参加者の数を把握できる	○		参加者の数を把握できない
グループは活動資金を組織から得ている	○		グループは活動資金を自身で調達している
グループ同士は仲介者を介してコミュニケートする		○	グループ同士は直接コミュニケートする
中央集権型	9	1	**分権型**

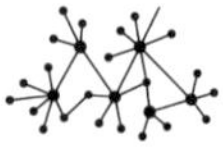

アパッチ族

	中央集権型	分権型	
全体を取り仕切る人間がいる		○	全体を取り仕切る人間がいない
本部がある		○	本部がない
頭に一撃を食らわすと死ぬ		○	頭に一撃を食らわしても死なない
明確な役割分担がある		○	明確な役割分担がない
組織の一部を破壊すると組織全体が傷つく		○	組織の一部を破壊しても組織全体は傷つかない
知識と権限が集中している		○	知識と権限が分散している
組織が硬直		○	組織が柔軟
参加者の数を把握できる	○		参加者の数を把握できない
グループは活動資金を組織から得ている		○	グループは活動資金を自身で調達している
グループ同士は仲介者を介してコミュニケートする		○	グループ同士は直接コミュニケートする
中央集権型	1	9	**分権型**

第3章 ヒトデだらけの海

某百科事典、某ソフトウェア、某電話会社、某広告サイト、そしてネバダ州の砂漠に集まる裸の人々——これらの共通点は何か？

そう、すべて分権型という点だ。

今や海の中はヒトデで溢れんばかりだ。ここまでのところで、ヒトデ型組織の強みと複雑さはわかってもらえたはずだ。さっそく海に飛び込んでみよう。

スカイプ

ニクラス・ゼンストロームの名前は覚えているだろうか。レコード会社からの召喚状を届けに来る黒いバイク便から逃げ回っていた人物だ。カザーの創業者であるゼンストロームは、深刻な法律上の問題に巻き込まれた末に、「もうこんな生活はたくさんだ」と思ったのだろう。バヌアツで開業したサウス・シー・アイランダーズ（訳注：オーストラリアに住む太平洋諸島出身者の子孫）にカザーを売却してしまった。すると今度は、バトンを受け取った側が逃げ回ることになった。実際、われわれはシドニーでカザーの現在のＣＥＯ、ニッキ・ヘミングへの接触を試みたが、辿り着けたのは彼女の隣人までだった。隣人たちはいろいろと説得に努めてくれたのだが、ヘミングはわれわれと会うのを渋り続けた。音楽業界側の弁護士たちに包囲されていたからだ。

レコード会社のこうしたやり方は、事態を悪化させるだけだった。やがて、カザーよりもさらに分権化の進んだサービスが登場してきた。一方、ゼンストロームはと言えば、仕事を失い、何か新しいことに取り組まなければと模索する日々を送っていた。

イーミュールの登場で証明された通り、P2Pのファイル交換プログラムを作ったところで、ゼロとは言わないが、金はほとんど儲からない。それどころか、何をしてもジレンマに陥ってしまう。ファイル交換プログラムで利益を出すには、多少なりとも中央集権的な仕組みにして、広告スペースを提供したり、ユーザーに課金したりする必要がある。お金を集めるとなると、通常はどこかに口座を開かねばならず、これが中央集権化につながる。そして、メインのオフィスを構えたり、利益を上げたりし始めた途端に、MGMのような大企業に追われる身となるのだ。ある程度中央集権型にして訴えられるのを覚悟するか、それとも完全に分権型にして利益は諦めるか——まさにジレンマだ。

ゼンストロームは、別の分野でP2P技術を応用する方法を探っていた。そして目をつけたのが電話業界だった。人々は無料で音楽を聴きたいのと同じぐらい、ただで電話をかけたいと思っていた。長年ハッカーたちは、ただで電話がかけられる仕組みをいろいろと編み出してきた。だが、それらはいずれも違法だった。何しろ、電話会社の回線を使用しているのだから。当然、電話会社には使用料を請求する権利があった。

レコード会社と同様、インターネットが登場する前の100年の間、電話会社はほとんど変化していない。長距離電話をかける場合、かつては電話交換手を呼び出したものだ。この交換手が別の交換手につなぎ、最後にその交換手がテキサス州エルパソの親戚につないでくれて、ようやく話ができた。自動化が進み、交換手はコンピュータに取って代わられ、一部の電話回線は衛星や光ファイバーケーブルに置き換わったが、中央集権型という点では以前と変わるところがない。

回線は電話会社がコントロールしているため、電話料金は電話会社の意のままに、もしくは規制当局が許す範囲内で決められていた。かつて、アメリカ国内の電話会社はAT&Tただ1社であった。1984年、裁判所が同社の分割を命じた結果、長距離電話市場はある程度競争状態となった。どの電話会社を利用するかという選択肢は生まれたものの、サービス内容はほぼ同じ。それに、どのみち電話会社の回線を使わなければならないという状況に変わりはなかった。

だが、それはインターネットとゼンストロームが登場するまでの話だ。ゼンストロームは、カザーの教訓を活かして、セントラルサーバーは使わないと決めていた。彼が立ち上げた新会社、スカイプが提供するのは、利用者同士が直接通話できるサービスだ。通話を転送するサーバーも、電話回線も必要ない。しかも今回は、いっさい法に抵触していなかった。

ユーザーもスカイプを大歓迎した。世界中のユーザーが、電話回線を経由することなく、無料でユーザー同士の会話を楽しむようになった。事前に必要なのは、スカイプのサイトから無料のソフトウェアをダウンロードすることと、パソコンにヘッドセットをつなぐことだけだ。その他はすべてインターネットが引き受けてくれる。費用はいっさいかからない。ただし、相手方が昔ながらの固定電話を使用している場合に限り、数セント（正確には0・017ユーロ）がかかる。当然ながら多くの愛好者が生まれ、ユーザー数は瞬く間に増加した。われわれが2004年12月にゼンストロームと会ったとき、スカイプのユーザー数は1500万人であった。それが2005年末には5700万人に達している。

だが、スカイプの革新性はそれだけに留まらなかった。ゼンストロームは、新規ユーザー獲得のコストをゼロに抑える方法を考え出したのだ。彼がユーザーのデータベースを分権型の設計にしたのは、コスト削減のためだったのである。

かつて、電話番号を調べるには、番号案内サービスに電話をかけ、交換手に電話番号簿を調べてもらう必要があった。だが、スカイプは、ユーザーリストを中央で集中管理する方法をとっていない。ユーザーリストは細分化され、その一つひとつがユーザーのコンピュータ上に保存される。つまり、リストのごく一部分――たとえばWebbさんから

Wernsteinさんまでの分——を、各ユーザーが自身のコンピュータ上で管理している。真に開かれたシステムにおいては、すべての参加者がネットワークに何らかの貢献を果たすのだ。そして、これらのリストの断片が世界中のコンピュータ上で繰り返し複製される。この開かれたシステムの卓越した点は、ユーザーリストをスカイプのサーバー上に保管するコストを不要にしたことだ。スカイプのサーバー上で処理されるトランザクションは、クレジットカードによる支払いのみとなっている。

スカイプは通話料金を無料にすることで、長距離通話料金で儲けを出すという、電話業界の従来型モデルを時代遅れなものにしてしまった。2004年の『フォーブス』誌で、当時の連邦通信委員会委員長、マイケル・パウエルは次のように述べている。「スカイプをダウンロードしたときに悟りました。もう終わりだ、と。カザーを開発した人物が、誰とでも会話ができる、高品質の、ちっぽけなソフトウェアを無料で配布し始めたとき、これまでの電話業界は終わってしまったのです。世界は否応なしに変わっていくでしょう」

AT&Tの元CEO、デービッド・ドーマンは、スカイプのような革新的な製品が、旧来の電話会社にどのような影響を及ぼしつつあるかを語ってくれた。スカイプはメンバー同士の通話に関していっさいコストが不要な上に、インターネット経由の通話にはいっさい税金がかからない。税金がかからない件については、連邦通信委員会委員長のマイケル・パウエルも確認済みだ。スカイプの通話1分当たりのコストが0セントなのに対して、既存の長距離電話会社のコスト負担は1分当たり3セントだ。1分当たり3セントでも、トータルではすさまじい額になる。AT&Tをはじめとする長距離電話会社の年間支払い総額は200億ドルに達する。

市内通話を扱う地域電話会社も、苦しいのは同じだ。電話サービスに関わるあらゆるインフラ――電話ケーブルから交換台まで――を維持しなければならないからだ。スカイプは、こうしたコストを負担する必要がまったくない。

スカイプは技術上の進歩をフル活用して、かつて一部の企業に独占されていたサービスを無料で提供することに成功した。既存の電話会社にとっては由々しき事態だ。ほんのわずかなソフトウェアさえあれば、パソコン上にスカイプと同じようなシステムを構築できる。これまで長距離通信事業への参入障壁は、巨大で乗り越えがたいものであった。その壁が今、瞬く間に消え去ろうとしている。数百万ドルの資金があれば、誰でもスカイプと同様のシステムを作れる。スカイプが今後長きにわたって繁栄するかどうかはともかく、それがパンドラの箱を開けてしまったことだけは間違いない。これに対して、長距離電話会社はどう対応したのだろうか。レコード会社の例に倣ってか、ここでも大手事業者同士の合併が始まった。われわれがデービッド・ドーマンに会ったわずか数カ月後、彼のいたAT&TはSBCコミュニケーションズに買収された。

さて、ゼンストロームの方はと言えば、もはやバイク便から逃げ回る必要はなくなったようだ。いや、それどころか、スカイプをイーベイに売却して得た数十億ドル分のお札を数えるのに忙殺されているだろう。イーベイがどのような戦略的決断の下にスカイプを買収したかについては、もう少し後で取り上げるとして、その前にイーベイのもう1つの投資先を見ておこう。

クレイグズリスト

サンフランシスコにある古いヴィクトリアン様式の建物。われわれはその階段を上りながら、これから聖人に会うような気持ちになっていた。クレイグ・ニューマークという人物について、そして彼の始めた、事実上ありとあらゆる物を売り買いし、交換できるウェブサイトについて、聞こえてくるのは素晴らしい話ばかりだった。われわれが特に関心を引かれたのは、クレイグズリストが、開かれたシステムの完璧な例のように思われた点だ。クレイグ・ニューマークはユーザーを何よりも大切にし、彼らに究極とも言える自由を与えているという。また、クレイグズリストに関わる人々は、誰も金儲けのために参加しているわけではないらしい。にもかかわらず、サイトは利益を生んでいるというではないか。

われわれは、まずオフィスを訪ねた。そこには2列に並んだテーブルがあり、その周りに8人から10人ほどのエンジニアが座っていた。「部外者立ち入り禁止」という大きな看板が掲げられている。「クレイグ・ニューマークさんは、いますか」と尋ねると、その中の一人が少しだけ顔を上げて、「上の階にいますよ」と小声で教えてくれた。

そこで上の階に行き、元々は家屋だった薄暗いオフィスの一番奥まで歩いて行った。ニューマークはどう見ても狭いオフィスを、さらにCEOのジム・バックマスターと共同で使っていた。中に入ると、ニューマークが笑顔で挨拶してくれた。バックマスターの方はコンピュータのキーボードを打つのに忙しく、こちらを振り向いてもくれなかった。数分後、彼も会釈をしてくれたが、すぐにコンピュータの方に向き直ってしまった。

インタビューの滑り出しは上々だった。ニューマークは、自分が実質的に担当しているのは顧客サービスだと言った。確かに、彼の最大の関心事はユーザーをサポートすることのようだ。名声や富を得ることには興味がないらしい。実際この会社が成功したのは偶然の賜だった。彼の話によると、サイトを開いたのは1995年で、サンフランシスコのベイエリアのイベント情報を載せたメーリングリストが始まりだ。リストに情報を載せてほしいという人が増え、とうとうニューマークは、すべての時間をそのために費やすようになった。自分がすべての責任を負うという点について、彼は複雑な思いを抱いたようだ。

だが、ニューマークの複雑な心境をよそに、サイトはものすごい勢いで成長した。現在クレイグズリストは世界35カ国、175都市で各地域の情報を提供しており、月間アクセス数は30億ページビューに達する（訳注：原書が出版された2006年時点の情報）。クレイグズリストには、ありとあらゆるものが出品されている。ガレージセールで取引されるような品物から中古車、住宅、生涯にわたる恋人まで、ほぼ何でも見つかる。しかも、情報掲載料はすべて無料だ。唯一料金がかかるのは、営利目的の企業による求人広告だけだ（非営利団体の求人は無料）。クレイグズリストの年間売上額は、少なく見積もっても1000万ドルにのぼると見られている。

これほどアクセス数があるのだから、サイトに広告を載せたらよいのに。われわれはそう尋ねてみた。

するといきなり、CEOのバックマスターが椅子をくるりと回転させて話に割り込んできた。「うちのユーザーは、バナー広告やテキスト広告が嫌いなんだよ」

われわれは聞き返した。「それはどういう意味ですか？」

バックマスターによると、マイクロソフトがバナー広告を出したいと「かなり儲かる話」をもってきたが、クレイグズリストはその申し出を断ったという。しかし、いったいなぜ？

今度はニューマークが答えてくれた。「クレイグズリストは、サイトを利用するユーザーが投稿し、何か不適切な点があれば、それに気づいたユーザーがみんなに知らせ、掲載の可否を決める。日常業務レベルのサイト運営は、サイトを利用するユーザーが行っているんだ。そして、ポリシーとして、サイト上のカテゴリーはほぼ100パーセント、コミュニティのメンバーが考えたものになっている。僕たちは、皆が何を望んでいるか、皆の意見が一致していることは何か、つまりどうすれば一番うまくいくかを把握しようと努力したし、それに基づいて前に進んできたんだ。今から10年以上前にスタートした直後は、僕のアイデアでやっていた。でもそれ以降は、皆の意見に耳を傾け、必要なインフラを提供することに徹してきた。それからもう1つ。ここには信頼し合う文化があって、これが本当にうまく機能しているんだ」

ニューマークの言う通りだ。クレイグズリストのサイトには信頼感が感じられる。このサイトには、「これはOK、これはNG」と指示を出す人間はおらず、ユーザー同士が直接やりとりできるようになっている。仲介者もいなければ、ボスもいない。だが、サイトの大きな魅力となっているのは、無料で広告を出せる点だけではない。クレイグズリストはコミュニティなのだ。われわれが話を聞いたユーザーのほぼ全員が、クレイグズリストは、ご近所同士が助け合う昔ながらのコミュニティのようだと述べている。確かに、サイトにはご近所同士のような雰囲気が漂っている。そして、どこのご近所もそうだが、そこにはあらゆるタイプの人間——いい人もいれば悪い人もいる——が暮らしている。ユーザーは誰でも好きなように広告を打てるが、理由は何であれ、それが不快感を与えるものであれば、他のユーザーが削除していいことになっている。完全にユーザー自身が管理する民主的なシステムだ。

ご近所というのはまた、高い広告効果が期待できる市場でもある。われわれもクレイグズリストを使って、サンタナのコンサートのチケットを買ったり、ウェブカメラを売ったり、友人のために中古のパソコンを買ったり、バイオリンを教えてくれる先生を探したりした経験がある。だが、一番印象的だったのは、私（筆者の一人、オリ・ブラフマン）が引っ越しの後に、大量の段ボール箱を処分するために投稿したときの出来事だ。私は「無料」というカテゴリーに、「段ボール箱、およそ100箱、欲しい人に無料で差し上げます」という広告を掲載した。すぐに8、9人から連絡が入ったので、最初に連絡してくれた人にメールを出した。1時間後、グレンと名乗る男性が現れ、箱をもらえるのは本当にありがたいと言った。「引っ越しって、結構お金がかかるんだよね」。それに続いて彼が放った些細な一言が、なぜかはわからないが、心に響いた。「引っ越しが終わったら、僕も同じように誰かに段ボール箱を譲るよ。そのうち、クレイグズリストに載るから見ててよ」

グレンが並外れて気前が良いというわけではないし、彼の考えが素晴らしく独創的というわけでもない。そうではなくて、彼の言い方が印象的だったのだ。まるで、段ボール箱を次の人に譲るのが、この世で最も自然な行為であると言わんばかりの、その言い方が。クレイグズリストでただで段ボール箱を手に入れるということは、コミュニティに対して少しばかり借りができるということだ。だから、自分の用が済んだら、ごく当たり前のように次の人に譲る。ニューマークの言う信頼感とコミュニティとは、こういうことなのだ。

ニューマークがコミュニティを大切にしているのはわかった。だが、彼のビジネス上の戦略は何なのだろうか。われわれはその点を、単なる話としてでもいいので、聞いてみたかった。いずれは会社を売却するのだろうか。手持ちの株を売ってしまうのだろうか。アクセス数の多さを活かして利益を得るつもりはないのだろうか。

こうした仮定の質問を投げかけると、ニューマークは下を向いて机を見つめてしまった。何となく、こちらが不躾な質問をしてしまったような空気になった。まずいことを聞いてしまったのかもしれない。

ニューマークはバックマスターに「ジム、君が答えたらいいんじゃないか」と言った。そうして、バックマスターが答えている間（答は要するに「われわれは誰にも何も売らない」というものだった）、ニューマークは未開封の郵便物の山にかかりきりだった。録音したインタビューの後半は、ニューマークが封筒を開封する音で会話が聞き取りづらいほどだ。彼は開封作業を終えるとパソコンにログオンし、今度はメールに返信し始めた。

30分後にヴィクトリアン様式の建物を後にしたとき、われわれは少しばかり不意を突かれたような、びっくりしたような気持ちになっていた。いったい何が起こったのだろう？それからようやく気づいた。先ほどのインタビューで終始話題になっていたのは、ユーザーにとって開かれたシステムとは、ということであって、リーダーにとってどうかという話は出なかった。開かれた組織において最も重要なのはCEOではなく、リーダーがメンバーを信頼し任せられるかどうか、なのだ。ユーザーを信じているからか、会社を大きくしたくないからか、あるいはその両方なのか、理由ははっきりしないが、ニューマークはユーザーを尊敬しており、ユーザーのしたいようにさせていた。

われわれは大切なことを学んだ。ユーザーの立場からすれば、自分たちが関わっている相手がクモ型なのかヒトデ型なのかは、気づきもしないし、どちらであっても構わないのだ。自分たちに自由が与えられ、やりたいことがやれさえすれば、ユーザーは満足なのだ。

時間が経つにつれて、ニューマークのあのときの行動が理解できるようになってきた。まず、彼自身が言うように、彼は内気な人間で、初対面の相手からインタビューされるのが嫌だったのだろう。だが、より核心的なことを言えば、彼はユーザーを裏切らない男なのだ。彼がユーザーの邪魔をせず、ユーザーが望むものを提供したおかげで、誰もが称賛する信頼とコミュニティは築かれた。結局、彼は根っからの顧客サービスマンなのだ。彼はわれわれの質問には答えず、われわれを無視して、本当に大切な仕事——おそらく彼に1セントも支払わないユーザーからの、メールに返信するという仕事——に戻っただけだったのだ。

1つだけ確かなことがある。それは、クレイグズリストが、新聞社の収益に衝撃的なインパクトを与えたという事実だ。すでにお馴染みの話だが、ここでもまた、中央集権型の新聞社は合併し、より集権型の色彩を強めて事態に対応しようとした。ヴィレッジ・ヴォイス・メディア（『ヴィレッジ・ヴォイス』『LAウィークリー』といった週刊誌の発行元）とニュー・タイムズ・コーポレーション（『イースト・ベイ・エクスプレス』紙、『フェニックス・ニュータイムズ』紙、『デンバー・ウェストワード』紙などの親会社）の合併交渉も、広告収入の先細りに備えた動きと見ていいだろう。ヴィレッジ・ヴォイス・メディアはプレスリリースを通じて、バックページ・ドット・コム（週刊誌の場合、読者の目を引く広告は背表紙に掲載される。そのことにちなんだ名称）というサイトでクレイグズリストに対抗していく旨を大々的に宣言した。バックページ・ドッド・コムの外観は、疑惑の目を向けられそうなほどクレイグズリストにそっくりで、紙媒体にも広告を掲載する場合有料となる点を除けば、サービス内容もほぼ同じだ。ユーザー数はクレイグズリストよりもかなり少なく、今のところ、クレイグズリストの強力なライバルになるようには見えない。

インタビューの数週間後、意外なニュースが飛び込んできた。クレイグズリストが「スクレイピング」に反対しているというのだ。スクレイピングというのは、あるウェブサイトが別のウェブサイトのコンテンツを転載することである。多くの弱小サイトが寄生生物のようにクレイグズリストに群がって広告をコピーし、通常はクレイグズリストへの直接リンクも含めた形で、自分たちのサイトに掲載している。クレイグズリスト側もついに堪忍袋の緒が切れたと見え、スクレイピングをやめるよう求め始めた。彼らの動機は、ユーザーをバナー広告から守りたいからだろうか。それとも自分たちの利益を守ることを、以前よりも意識し始めたからなのだろうか。

アパッチ

デイブ・ギャリソンがフランスに渡り、投資家たちに誰がインターネットの社長かという話をしていた同じ頃、世界中のエンジニアたちは新しいウェブ技術と、それがもたらすであろう新たな世界に夢中になっていた。

ネットサーフィン用のブラウザーとして最初に人気を博したのは、イリノイ大学にある

ＮＣＳＡ（米国立スーパーコンピュータ応用研究所）が開発したブラウザーだった。ＮＣＳＡのエンジニアたちは、長年ウェブの先駆けとなる技術や基幹部分の開発に従事してきた。だが、ウェブの真の可能性――より正確には、ウェブが利益を生み出す真の可能性――が明らかになるにつれて、エンジニアたちはＮＣＳＡを辞め、ネットスケープのような会社を起業するようになった。ちなみに、ネットスケープの新規株式公開こそ、インターネットブームの幕開けを告げる画期的な出来事であった。

ＮＣＳＡからエンジニアが去ったため、ネットのアーキテクチャーを構築すべき新たな才能が必要となった。すると、世界各地のエンジニアが、それぞれのウェブ開発において壁に直面すると、問題を修正するためのパッチを開発し、それを無料でＮＣＳＡに送ってくるようになった。彼らは金銭的な見返りはいっさい要求しなかった。ただ、称賛であれ侮辱であれ、自分の作品に対する反応を求めていた。だが、褒められもしなければ、けなされもしない。まったくの無反応なのだ。もしかすると、この種のメールがあまりにも多かったのかもしれないが、ともかくＮＣＳＡはいっさい反応を示さなかった。

エンジニアたちはＮＣＳＡに対して怒ったり、攻撃したりはしなかったし、巨大なインターネット会社を興し、株価が膨れ上がったところで売却しようなどという野心ももっていなかった。彼らはただ、自分たちが作ったパッチが本体に組み入れられ、ウェブがもっと効率的になることだけを望んでいたのだ。

ＮＣＳＡの本部から何の反応もない中、エンジニアたちはメーリングリストを通じて話し合うようになった。その中の一人がこう言った。「自分たちでやったって、いいんじゃないかな」。ＮＣＳＡがパッチを公開しないのであれば、自分たちでやった方がいいのではないか、と考えたのだ。別のエンジニア、ブライアン・ベーレンドルフが、このプロジェクトに名前をつけた。だが、その名前の意味深長さについて、おそらく本人はまったく気づいていないだろう。グリン・ムーディは、著書『ソースコードの反逆』の中で、ベーレンドルフが「アパッチ」というプロジェクト名を思いついた経緯について書いている。ベーレンドルフは、あるとき何の前触れもなく浮かんだこの名前に、とても興味をそそられたという。「ウェブ（クモの巣）何々とか、スパイダー（クモ）何々、アラクニッド（クモ形類）何々みたいな、ありきたりのクモがらみの名前じゃないところ」がいいと思ったそうだ。

ベーレンドルフは、他のエンジニアがパッチを投稿する場として、自身のコンピュータを提供した。アパッチには、今後どうしていくかという戦略が何もなかった。エンジニアが投稿し、優れたパッチであれば他のユーザーが選んで使うという、まるでそれ自体が1つの生命体のようなグループだった。一人ひとりの役割は決まっておらず、互いに助け合うために誰もがベストを尽くそうとしていた。

アパッチのサイトを訪れるユーザー数はすぐに増え始めた。ムーディは言う。「アパッチは世界中から集まったボランディア集団であり、ほとんどのエンジニアがウェブの運営という本職をもっていた。だから、少し変わったやり方で続けることにしたんだ」。彼らが選んだやり方を知ったら、アパッチ族のナンタン、ジェロニモもさぞ誇らしい気持ちになっただろう。

10名ほどのエンジニアが中核的なコア・チームを構成し、パッチの開発やアパッチ・リストのメンテナンスを行った。コア・チームの周辺には数え切れないほどのエンジニアが存在し、パッチの開発に勤しんでいる。全体を取り仕切る人間はおらず、使ってもらえるパッチが、すなわちいいパッチというスタンスだ。ナンタンの場合と同じで、誰かについていく――この場合は、誰かのパッチを使う――のは、その人のスキルをリスペクトし、パッチがもたらす成果にメリットを感じるからであって、ボスから命令されたからではない。

アパッチにはNCSAプロジェクト用のパッチが数多く集まり、ついにはアパッチ独自のバージョンがリリースされることになった。このソフトウェアは完全なオープンソースで、希望者は誰でも無料でダウンロードでき、誰でも変更を加えられる。誰かが開発したパッチが、どのような形にせよオリジナルのソフトウェアの質を向上させ、しかも多くのユーザーの気にいるようであれば、いずれこのパッチがメインプログラムに組み込まれることになる。

世界中のエンジニアが、自身のウェブサイトを運用するのにアパッチを使い始めた。彼らは、お金を節約しようとしたのでもなければ、実験的な試みにチャレンジしようとしたわけでもない。ＭＩＴやヤフーなど、大規模な組織の中にもアパッチのコードを使うところが出始めると、パッチを集めた補助的ソフトウェアと見られていたアパッチは、たちまち業界標準となった。

この分野ではマイクロソフトとネットスケープが主な競合相手であるが、どちらもアパッチほど魅力的な製品を提供できていない。その後、アパッチは業界の市場シェアの大部分を獲得した。今日、全ウェブサイトの67パーセントがアパッチで運営されている。

ネットサーフィンを楽しむほとんどの人が、エンジニアたちが10年以上にわたってパッチを無償提供してきたアパッチの恩恵にあずかっているとは気づいていない。アパッチが果たした最も重要な役割は、2つの巨大なクモ型組織の争いを未然に防いだ点だ。その2大組織とは、オペレーティングシステム市場でほぼ独占状態にあるマイクロソフトと、株式公開の成功によって潤沢な現金を保有するネットスケープで、両者はＭａｃ対ＰＣと同様の業界標準を巡る争いに備え、身構えているところだった。もしアパッチがなければ、エンジニアはどちらの巨人に付き従うかを、どうか自分の選んだ方が勝ちますようにと祈りながら、決めなければならなかっただろう。また、ユーザーも、かつてのレンタルビデオ店でのやり取りを再現したかのような状況に直面していただろう。つまり、ビデオ店の店員に「ＶＨＳですか、ベータですか」と確認されたように、サイト訪問時にネットスケープかマイクロソフトかを選ばなければならなかったはずだ。

アパッチはリナックス――マイクロソフト・ウィンドウズの無料版とでもいうべきＯＳ――のような他のオープンソース・プロジェクトと似た点が多い。伝統的なクモ型組織は、誰もが参加でき、誰もが無料でソフトウェアを入手できる開かれたシステムと対峙することで、自分たちもこの流れに適応し、ヒトデ型に変わる必要があると思い始めている。マイクロソフトのライバル会社が、ある日突然より良い製品を無料で配布し始めたら、マイクロソフトの競争優位性は失われるだろう。サンやＩＢＭといった有名企業が、いかにして適応せざるを得なかったかについては、後ほど触れる予定だ。今の時点では、かつてアパッチ族がスペイン軍との戦いで新たな戦術を見出したように、新時代のアパッチもソフトウェア業界に新風を巻き起こしたという点を確認しておけば十分である。

ウィキペディア

小学校6年生の頃、どんな風に宿題に取り組んでいたかは、皆覚えているだろう。当時、「調べる」というのは、ブリタニカ百科事典が貸し出されていませんように、と祈りながら図書館に行くことを意味していた。

ペンギンについてレポートを書くとしたら、ブリタニカ百科事典の「P」の巻を取ってきて、レポート用紙にペンギンの項目をほぼ丸写しする。それに手書きのイラストを添えて、プラスチックのフォルダーに挟めば一丁上がりだ。百科事典は、全国の怠け者の小学生にとって救世主のような存在だった。

われわれがオンライン百科事典の噂を初めて耳にしたとき、ブリタニカ百科事典のオンライン版のようなものを想像した。さまざまなテーマに関する基礎的な事項が網羅され、専門家の手になる短い文章が集められたものをイメージしたのだ。だが、その後、すべての項目がユーザーによって書かれていることを知った。まさに開かれたシステムだ。

ウィキペディアの誕生物語は、開かれたシステムがいかにして発展してきたかをさまざまな角度から伝える、興味深いものである。物語はジミー・ウェールズという、オプション取引のトレーダーからインターネット起業家に転じ、さらにその後、慈善活動家として成功を収める人物と共に始まる。2000年にウェールズは、家が貧しくて百科事典を買ってもらえない子どもたちのための無料オンライン百科事典を立ち上げた。ヌーペディアと名付けられたこのプロジェクトは、同じ分野の専門家同士による査読システムを採用していた。そのためもあって、ヌーペディアに情報を公開するには、実に面倒な手順を踏まなければならなかった。

記事が掲載されるまでには、次の7つのステップをクリアする必要があった。執筆者の割当、メイン査読者の選定、メイン査読者による審査、公開審査、メイン査読者による編集、公開編集、最終承認とマークアップ（訳注：ウェブ上で適切に表示されるよう、タグづけによって文章の構造を明確化すること）。一連の作業は、指示書を読むだけでも一苦労であり、まして実行するとなると並大抵のことではなかった。執筆を任されたのは博士号取得者を含む専門家たちで、作業は遅々として進まない。記事が少しずつでき上がっていく間に、ヌーペディアの編集長、ラリー・サンガーは、ウィキというものの存在を知った。ウィキは、ウェブサイトのユーザーが、サイトの内容を簡単に（しかも、あっという間に）編集できる技術のことだ。ウィキという名称は「素早い」という意味のハワイ語に由来する。

サンガーは、ウィキをヌーペディアで使おうと提案した。AAのビル・ウィルソンよろしく、ジミー・ウェールズはサンガーの提案を認め、ここにウィキペディアが誕生した。AAと同じく、ウィキペディアもうまく軌道に乗れた。立ち上げから5年の時点で、

200の言語で利用可能となり、さまざまな話題に関する夥しい数の記事——英語版だけでも100万記事以上——が掲載されるに至った。また、AAからさまざまな分派が誕生したように、ウィキペディアからもウィクショナリー（訳注：辞書作成プロジェクト）、ウィキブックス（訳注：参考書・教科書作成プロジェクト）、ウィキニュース（訳注：インターネット新聞プロジェクト）などが派生している。

ヌーペディアの方は、何とか24記事を完成させ、78記事が未だ作成中という状態で閉鎖された。ウィキ導入のアイデアを出したラリー・サンガーは、自分のアイデアのせいで編集長としての仕事を失った。ユーザーが編集作業を担うようになったからである。

筆者らが初めてウィキペディアのサイトを訪れたとき、面白いアイデアだとは思ったが、正直記事の質については、それほど期待していなかった。また、落書きだらけだった1980年代の地下鉄以上に、破壊的な書き込み、いわゆる荒しが横行しているのではないかとも思った。だが、どちらについても、われわれの予想は間違っていた。まず、ウィキペディアの記事は極めて質が高い。大多数の記事は簡潔明瞭に書かれており、内容の深みも適切なレベルにある。客観的で、正確で、わかりやすい記事になるよう細心の注意が払われている。ここから分権に関する第7の原則が導かれる。

第7の法則

人は開かれたシステムの中に身を置くと、無意識のうちに貢献しようという気になる。

しかも、単に貢献するだけでなく、投稿される記事は極めて正確性が高い。イギリスの科学雑誌『ネイチャー』の調査によると、ウィキペディアとブリタニカ百科事典の正確さは、ほぼ同程度だった。記事の中で専門家は「ウィキペディアの科学系の記事では、1記事当たり約4カ所の誤りが含まれているが、ブリタニカ百科事典の場合は約3カ所であった」と述べている。互いを気づかい、思いやるご近所同士のように、ウィキペディア・コミュニティの参加者は、定期的に投稿し、内容の正確性を保つよう気を配っている。

初めてウィキペディアで調べ物をした際、われわれはちょっとしたテストを行うことにした。本当にあらゆる話題を網羅しているかを調べるため、頭にパッと浮かんだ、知っている人が少なそうな言葉を入力してみた。お気に入りの1980年代のホームコメディ、『スリーズ・カンパニー』だ。思った通り、関連記事は見つかった。内容もかなり充実していたが、登場人物である家主のローパー夫妻に関する情報は載っていなかった。われわれは記事を読み終えると、意を決して「編集」ボタンをクリックした。記念すべき初投稿の瞬間だ。うわぁ、僕たちにも記事を編集する権利があるんだ。しかも世界中の人（少なくとも「スリーズ・カンパニー」のファン）が読んでくれるんだ——そう思うと、初めは少し妙な気分になった。だが、考えてみると、ウィキペディアのすべての記事は、われわれと同じ一般のユーザーが寄稿したものなのだ。

次に訪れたのは、環境防衛基金のグループに関する記事だ。記述内容がやや曖昧で不正確な点もあったので、筆者の一人ベックストロームが1時間ほどかけて組織とその重要ポイントを概括する記事を作成した。原稿はマイクロソフト・ワードで書き上げ、それをコピーして元の記事をアップデートした。内容の点では明らかに質が向上したが、見た目はいただけない。フォントの種類やサイズがバラバラで、記事全体がごちゃごちゃした印象になってしまった。

ウィキペディアは役に立ちたいと思う人であれば誰でも参加できる。だからこのときも、ベックストロームの記事の見栄えを良くしてくれる人物がすぐに現れた。ウォルト・ロックリーという人物で、自身のホームページによると「建築コンサルタント兼ライター」という肩書きだ。彼のウィキペディアへの貢献範囲は「デザイン関連に限定。プロダクト・デザイン、インテリア・デザイン、建築」とのことである。ロックリーは、自身の美的基準に照らして「ひどい状態」にある記事を見つけては、その見栄えを整えている。

ベックストロームが環境防衛基金に関する記事を投稿した翌日、ロックリーがやってきて見目麗しい記事に仕立ててくれた。彼には一度も会ったことがないし、メールを送ったこともない。にもかかわらず、彼はベックストロームの記事の見た目をけなしもせず、またいっさい金銭的な見返りを求めず、ただウィキペディア・コミュニティ全体の役に立つべくやって来るのだ。人の役に立つと、どこか報われた気持ちになるものだ。

今日、ウィキペディア上の至るところに専門家がおり、自然災害に関する最新情報を提供したり、心理学者カール・グスタフ・ユングについての詳細な記事を投稿したりと、ありとあらゆる形でサイトへの貢献を行っている。そしてこのことが、われわれが見出した2つ目の驚き——すなわち、圧倒的多数の投稿は役に立つ——へとつながっているのである。

実際、荒らしと呼ばれる現象を初めて目にしたのは、ウィキペディアを使い始めて数カ月経ってからだった。最初に見つけた書き込みは、インカに関するページにあった、「インカ帝国は、巨大な人食いネズミが100年生きられると証明した」というものだ。それから9時間後、「マンハッタンのロウアー・イースト・サイド在住の建築家」、ジェシカという別のユーザーが書き込みを削除した。

クレイグズリストの調査から得られた教訓は、サイトはバーチャルなご近所さんであるということだった。同じことはウィキペディアについても言える。ウィキペディアというご近所さんも、居心地が良く清潔な状態に保たれている。それというのも、荒らしを見つけたらすぐに削除してくれる、ジェシカのような人々がいるからだ。インカのページを荒らした匿名の人物は、その後も書き込みをやめなかった。化学系の記事に「マックスは負け犬」とやったかと思うと、違法ドラッグの取引に関する記事には「あんたのネコがフォークを使って俺の肛門汁を食べているｗｗｗ」などと書き込んだ。だが、書き込むたびに、すぐに誰かに削除される。

これは、サイトの参加者自身が、サイトの秩序を保つ役割を引き受けているということだ。中には、自称「ウィキペディアの管理人」、クァデルのように、ボランティアでウィキペディア警官を買って出る者もいる。クァデルは自分の役割について、「僕はモップ置き場のカギをもっていて、サイトのモップがけをしているのさ」と述べている。管理人の仕事は楽ではない。クァデルと荒らしの戦いは現在も進行中だ。荒らしの中には、クァデル自身の投稿から全文を削除し、代わりに「真夜中でなんだか退屈だから、クァデルのページでも荒らしてやろうかと思って。奴は気にしないって！」「クァデルは間抜けな海賊野郎！」といった書き込みをした例もある。

ウィキペディアには、荒らしが甚だしい場合、あるいは物議を醸す可能性の高い話題

（たとえばイスラム教など）の場合は、当該ページをロックする仕組みが備わっている。ロック後は、公開フォーラムの場でユーザーによる話し合いが行われ、何らかの妥協点が見出されれば、即刻ロックは解除される。とはいえ、ウィキペディアは極力ページをロックしないよう努力し続けている。事実、しょっちゅう荒らしにあっているクァデルのページでさえ、ロックされずにオープンのままだ。

バーニングマン

ネバダ州の砂漠で毎年開催されるフェスティバル、バーニングマンは、さまざまなコスチューム、鳴り響く音楽、エクスタシーやマリファナでハイになり裸になる人々の群れで知られている。それはまた、現代において1日24時間、週7日間ぶっ続けで分権型の体験を味わえる、数少ない場でもある。

突飛な評判ばかりが聞こえてくるので、バーニングマンに参加するとなると多少決まりの悪さを感じるものだ。もし同僚がレイバー・デー（労働者の日）の少し前に、「週末は砂漠の方に旅行に行ってくるよ」と言ったら、真実を伝えていると思わない方がいいだろう。本当は、彼らが目指しているのはネバダ州ノーフェアの北112キロにある乾湖で、年に一度3万人を超える人々がここに集まるのである。

筆者（オリ・ブラフマン）と友人は、おんぼろのトヨタにマウンテンバイクをくりつけ、かの地に向かった。バーニングマンの会場はあまりにも広く、しかも通常の車は乗り入れ禁止なので、移動のための自転車は必須アイテムだと聞いていた。リノを過ぎ、州間高速自動車道80号線を左折して、砂漠を横切る2車線のハイウェイに乗る。インディアン居留地の脇を通り過ぎると、後は何もない。やがて、木や低木すらもなくなり、見えるものと言えば岩と山だけとなった。それでもまだ進んで行くと、遠くに乾湖と、一面に広がるテントとRV車が見えてきた。点滅する光がキラキラ輝いて、まるでラスベガスのようだった。

われわれがバーニングマンの会場に到着したのは日没後で、さっそく友人のクレイグ（クレイグズリストのクレイグとは無関係）のキャンプを探すことにした。RV車とテントによって一時的に出現するこの町はブラック・ロック・シティと呼ばれる。町は「プラーヤ」という乾湖の周囲に作られ、何本かの通りが同心円を描くように走っている。この年は通りに惑星の名前がつけられていた。また、プラーヤの中心から、自転車のスポークのように放射状に伸びる通りもあり、こちらの方は時刻が名前になっていた。だから待ち合わせの場所は、たとえば、10時30分と金星の交差点、という具合になる。

クレイグのキャンプは、2時と天王星の交差点近くにあった。クレイグはダートマス大学の出身で、奥さんとサンフランシスコに暮らし、日中はソフトウェア会社でプロダクトマネジャーとして働いている。とてもクリエイティブな一面をもっており、たとえば、自宅の地下室をポリネシア風の本物のティキ・バーに改造してしまうような男でもある。彼は、一緒にバーニングマンに行ってくれるよう奥さんを説得するため、古いフォード・エスコートを改造して、首の長さが6メートルもあるキリンに仕立て上げた。奥さんは、夫が自分のためにキリンを作ってくれたのがあまりにも嬉しく、1週間清潔なシーツやシャワーと無縁な生活になるのを覚悟の上で、バーニングマン行きに同意したのである。

クレイグは、キリンに変身した車の屋根にベニヤ板を数枚貼り付けて台を作り、最大で12人まで乗れるようにした。また、ポリ塩化ビニル製の長いパイプをブレーキとアクセルとハンドルに取り付け、屋根から運転できるようにもしていた。パイプをうまいこと引っぱったり、回したりしながら運転するのである。

バーニングマンは、分権型組織の特徴を2つ備えている。1つ目は、ルールがあまりないこと。ファンキーな服装をしたければそうすればいいし、素っ裸でいたいのならそうすればいい。高さ6メートルのキリンを作りたければそうすればいいし、そのキリンで砂漠を横切りたければ、そうすればいい。

クレイグが改造した車は、文字通りの意味で「アートカー」と呼ばれる。バーニングマンでは、さまざまなアートカーを目にすることができる。スクールバスを改造したディスコ、車輪つきの海賊船、恐ろしいサメ、おんぼろの市バスを改造した潜水艦等々。その他に、手作りの手動観覧車のようなアート作品も展示されている。こういうものに乗るためには、よほど作り手を信頼していなければ無理だ。また、乗る前に承諾書に署名しろと誰も言ってこないので、最初は少し戸惑いを覚えたりもする。

最初のうち戸惑いを覚えることなら、もう1つある。お金がいっさいかからないのだ。これがバーニングマンが備える2つ目の、分権型組織の特徴である。バーニングマンは贈与経済の上に成り立っている。人々は、かき氷から手描きのTシャツまで、あらゆる物を提供する。それも、コミュニティに貢献したいからするのであって、見返りを求めてするのではない。バーニングマンでお金を払って手に入るのは、氷とコーヒーだけだ。その売上は全額、地元の学校を支援するために使われる。

参加者が贈与経済にあっという間に馴染んでしまう様子は、見ていて不思議なほどだ。自分は誰からもいっさい物を売りつけられないと思うと、解放されたような気分になる。誰かの持っている物が欲しければもらえるし、欲しくなければ別に何もしなくていい。

だが、ただで贈り物を交換するのがバーニングマンのすべてではない。ある日、夜中の2時頃、私（オリ・ブラフマン）と友人は、金星と4時の交差点で標識を壊そうとしている男と出くわした。そのとき最初に脳裏に浮かんだのは、「警官はどこだ」という言葉だった。だが、警官などいない。自分たちで、どうするかを決めなければならなかった。

男は怒っている様子だったので、用心しながら近づいた。

「こんばんは」と声をかけてみた。男はこちらを見たが、まだ標識を引っぱっていた。

「こんばんは」と、もう一度声をかけた。そして、詰問調にならないよう気をつけながら、「何をしているんだい」と尋ねた。

男は動きを止めたが、その手はしっかりと標識を握ったままだった。「わからないんだ」。その言い方に誠実さが滲み出ていたので、男を信じることにした。「自分のキャンプが見つからないんだ。ずっと歩きっぱなしで、イライラしているんだ」。男は泣き出した。

「きっと大丈夫だよ」

「自分のキャンプの場所がわからない。それでイライラしているんだ。わかってくれよ。一悶着起こすつもりはないんだ」

「でも、標識を壊したら、みんな道に迷っちゃうよね」

このセリフは効いたようだった。男は標識から手を放し、一緒にキャンプを探そうと言うわれわれの申し出を受け入れた。それから1時間ほど、男のキャンプを探して太陽系を歩き回った。まずは、内側の惑星から。水星、金星をしらみつぶしに探索し、地球も見て回ったが見つからない。ようやく見つけたのは、木星と7時の交差点の近くだった。確かに、男は何かでハイになっていたのかもしれないし、脱水状態で寝不足だったのかもしれない。あるいは、他に何か理由があったのかもしれない。だが、この男のおかげで、重要なことに気づけた。それは、開かれたシステムでは警察に頼るわけにはいかない、ということだ。好きなことをやれる自由がある一方で、責任はその分重くなる。警察官が法や秩序を守るために見回りをしてくれないのであれば、一人ひとりがある種の監視役になる必要がある。誰もが自分自身の快適な生活と、周囲の人々の快適な生活の両方に責任を負う。開かれたシステムにおける「隣人」という言葉は、単に隣に住む人以上の意味をもつ。

ここに、バーニングマンを経験することの本質がある。開かれたシステムに身を置くと、ある者はハイになり、ある者は夜通し踊り明かし、ある者は標識を壊そうとする。だが、ほとんどの人は、手の込んだ芸術作品を作ったり、かき氷を分け合ったり、自分なりの方法でできるだけコミュニティの役に立とうとする。バーニングマンは決してオーソドックスなイベントとは言えないが、ビジネスにも役立つ教訓を与えてくれる。それは、人々に自由を与えると混乱も生じるが、信じられないほどの創造性も得られる、という事実だ。誰もがコミュニティに貢献しようとして、6メートルのキリン、ローフードに関するセミナー、無料ヘアカット、5つ星ホテル並みのテント等々、さまざまな形で自己を表現するからである。

第4章 5本の足で立つ

腕の立つ音楽家であり、熟練の弁護士でもあるグランビル・シャープが、今まさに世界を変えようとしていることに、周囲のロンドン市民は誰も気づいていなかった。また、異端者のグループが目に見えない力を秘めていること、あるいは、ＡＡに似た小さなグループが、当時世界最大の帝国の法律を変えようとしていることに、誰も気づいてはいなかった。

アダム・ホックシールドの著書『Bury the Chains（鎖を葬れ）』によると、すべては１７６５年に始まった。グランビル・シャープは、とても平凡とは言いがたい人生を送っていた。彼は12人編成の家族オーケストラの一員で、クラリネット、フルート、オーボエ、ティンパニ、ハープを担当した。オーケストラはよく遊覧船で演奏した。シャープは自分から社会運動家を目指したわけではない。社会運動の方が、ジョナサン・ストロングという人物を通してシャープを見出したのだ。ジョナサン・ストロングは16歳の奴隷で、主人に殴られ瀕死の状態に陥った。だが、一命を取り留め、医者だったシャープの兄弟から治療を受けていた。

やがて傷の癒えたストロングは、シャープ兄弟の支えを得ながら、より良い人生を送るために歩み始めた。だが、彼は未だに主人の所有物と見なされていた。怪我から2年後、主人は健康を回復し再び働けるようになったストロングを見つけると、取り戻そうとした。シャープはこの不当な行為に憤慨した。生きる決意をし、やり遂げる意志を持ち合わせたジョナサン・ストロングが、誰かの所有物とはいったいどういうことなのだ。シャープは何としてもストロングを助けなければという思いに駆られ、裁判で彼の代理人を務めることに合意した。裁判は最後まで行方がわからない大論戦となった。ようやくシャープがストロングの自由を勝ち取ったとき、ストロングは奴隷として売られるためアメリカ大陸に送られる寸前だった。この一連の出来事がシャープの人生を永遠に変えた。やがて、多くの奴隷が相談に訪れるようになり、シャープは彼らの権利のためにたびたび法廷に立った。何としても奴隷制を廃止してみせる。彼はいつか、そう心に誓っていた。

だが、シャープの考え方は世間の共感を呼ばなかった。ほとんどの人が、ローマ帝国建国以前から続く奴隷制のどこが問題なのか、という考え方だったのだ。人々が奴隷制を支持していただけでなく、ある主要産業も奴隷制の後ろ盾となっていた。当時、砂糖産業は世界最大の産業の1つであり、砂糖製品によってもたらされる収益は他産業を大きく上回っていた。砂糖産業は巨大産業であり、その存続は奴隷制によるところが極めて大きかった。シャープが奴隷船における虐待について小冊子を発表すると、砂糖業界側は、奴隷船での旅はアフリカ人にとって生涯最良の時間であると反論した。奴隷制廃止論者たちが砂糖ボイコット運動を起こすと、砂糖業界は砂糖を**とらないと**歯が悪くなると警告した。シャープの前途は多難どころの騒ぎではなかった。

奴隷解放運動を始めた頃のシャープには、支援してくれる有力者が誰もいなかった。運動は一般の人々の感情を逆なでし、巨大産業の利益を損ねるものであった。それでもなお、彼は聖なる戦いを推し進めていった。引き続き法廷に立って奴隷の権利のために戦うとともに、奴隷制廃止を論じた文章を配布し、人と会うと必ず奴隷制に関する話をした。

その後、運動の成果は多少出てはいたが、大きな飛躍が見られるのは、開始から18年後、シャープがクエーカー（訳注：キリスト教プロテスタントの一派）に支援を求めたときからである。18世紀ロンドンにおけるクエーカーの位置づけは、現代で言えばハレー・クリシュナ（訳注：ヒンドゥー教系の宗教団体）に近いところがある。宗教団体として主流とは言えず、その風変わりな習慣（挨拶するときに帽子を取らない。「あなた」と言わず「汝（なんじ）」と言う、など）のせいで、しばしば嘲りの対象となっていた。ただ、ハレー・クリシュナと違って、クエーカーには伝統的にヒエラルキーが存在せず、聖職者や上位者がいない。クエーカーの集会は沈黙に始まり、会衆の誰かが心を動かされ話をしたくなったら、話したいだけ話をする。人間はすべて「内なる光」をもっており、平等に扱われるべきだというのがクエーカーの信条であり、それ故、奴隷制には断固反対していた。シャープ自身はクエーカー教徒ではなかったが、ある小さなクエーカーのグループに参加することにした。このグループは、分権型組織を支える5つの基盤の1つ、「サークル」として機能していた。

分権型組織は5本の足で立っている。そして、ヒトデと同じように、足を1本か2本失っても、生き延びられる。だが、5本の足を一斉に動かすことができれば、そのときこそ組織は真の飛躍を遂げるのである。

第1の足：サークル

サークルは、われわれが調査した分権型組織のほぼすべてにおいて、重要な役割を担っている。たとえば、アパッチ族の場合、小さな、ヒエラルキーのないグループが多数、アメリカ南西部一帯に散らばって暮らしていた。全体に共通する伝統やしきたりもあるが、それぞれのグループに独自の習慣や規範がある。アパッチ族の各グループは、独立していて自律的であり、サークルと呼んで差し支えない。

だが、アパッチ族のサークルは、メンバーの受け入れという点では排他的だ。外部の人間がサークルに加わるには、戦いに敗れて連れてこられる以外に方法がない。しかし、ひとたびサークルに加えられれば、生まれながらのアパッチであろうと、養子であろうと、捕えられた者であろうと、歴としたアパッチ族の一員として認められる。これこそがサークルの特徴だ。一員になりさえすれば、同等の存在として扱われる。加入後、力の限りを尽くしてサークルに貢献するかどうかは本人次第だ。

アパッチ族が繁栄していた当時、異なるコミュニティ同士のコミュニケーションは難しく、情報を共有するのに数日あるいは数週間もかかった。だが、電話と安価な交通手段が登場したおかげで、コミュニケーションは瞬時に行えるようになった。インターネット時代以前のサークルは、物理的な場所の制限を受けた。AAのサークルに加わるのは簡単だが、活動に参加するにはミーティングに出向くしかない。だが、インターネットのおかげでバーチャルなサークルというものが可能になった。コンピュータさえあれば、メンバーは自宅に居ながらにしてサークルに参加できる。

バーチャルなサークルを作ったり、そこに参加したりするハードルは、劇的に低下した。実際、サークルへの参加はあまりにも簡単かつスムーズなので、ほとんどの人が、自分で気づいているかどうかはともかく、何らかの分権型サークルの一員になっている。たとえば、クレイグズリストの場合を考えてみよう。掲載された広告を見たり、自分で広告を載せたり、売り手に連絡したりすると、その時点でクレイグズリストというバーチャルなサークルの一員になったことになる。必ずしも結束が強いグループとは言えないが、それでもコミュニティらしさや助け合いの気持ちは感じられるはずだ。クレイグズリストには、サンフランシスコ版、ニューヨーク版など、大都市ベースのサークルが存在している。

アパッチ族のサークルとは違って、ウィキペディアのような組織には誰もが参加し、誰もが貢献できる。オンライン上のバーチャルなサークルであるため、形ははっきりせず、特定するのも難しい。ウィキペディアのユーザーが、どこかの部屋でミーティングを開くこともない。ウィキペディアのサークルは、特定の項目に投稿する個人から成る。あるメンバーが記事を書き、別のメンバーが編集し、さらに別のメンバーが見栄えを整える。メンバー構成は極めて流動的だ。アパッチ族の場合、サークルのメンバーは四六時中生活を共にするが、バーチャル・サークルはほんのつかの間だけ活動し、すぐに消滅するケースもある。常に一緒に活動するわけではないので、さほど結束も強くない。アパッチ族は、仲間を守るためなら何でもする。場合によっては命の危険さえ顧みない。一方、クレイグズリストのメンバーは、互いのために命をなげうったりはしない。

バーチャル・サークルは、AAのような対面型サークルよりも、はるかに大規模な運営が可能だ。対面型のサークルでは、部屋の大きさによって参加人数が限られてしまう。オンラインの場合、人数制限はないに等しい。だが、それも良し悪しだ。容易に参加でき、参加者が増えれば多様性が得られるのは確かだが、14、5人を超えると、メンバー同士の結束が弱くなる。メンバーの匿名性が高まると、自分からは何の貢献もしないただ乗りメンバーや、破壊的な振る舞いをするメンバーも出てくる。もはや全員が役割をまっとうする必要がなくなるからだ。イーミュールのメンバーが、1日中楽曲をダウンロードするばかりで、自分からは1曲も提供しなかったとしても、それは構わない。また、本人と面と向かって会う心配がないので、ウィキペディアのクァデルのページを荒らしても、さほど後ろめたさは感じない。

バーチャル化すれば、サークルの自由度と柔軟性は増す。それでも年に一度、何千人もの人々がわざわざネバダ州の砂漠まで出かけ1週間を過ごすのには、それ相応の理由がある。他の参加者と実際に同じ空間で過ごすことで親密さが増し、これは自分たちのサークルなのだという所有者意識が生まれる。バーニングマンを作ってきたのは参加者自身であって、どこかのイベント制作会社ではない。バーニングマンに参加することは、バーニングマンという組織の一部になることを意味する。実際にバーニングマンを経験すると、責任感と帰属意識が芽生える。したがって、バーチャル・バーニングマンなどというものには、ほとんど魅力が感じられない。同じく、AAのサークルでは同じ場所に集まることで、メンバー同士が互いに責任を負うというスタンスが維持されている。顔を突き合わせている相手を無視するのは難しいからだ。

サークルにはヒエラルキーやはっきりした構造がないので、ルールを維持するのは難しい。誰にもルールを強要する権限がないからだ。とはいえ、サークルは無法地帯ではない。メンバーはルールではなく、規範に則って行動する。AAには互いの秘密を守ること、互いに支援し合うことに関して規範が存在する。ウィキペディアには項目の編集に関する規範がある。ソフトウェアのアパッチにはコード開発に関して、そしてバーニングマンには贈与経済の維持に関して、それぞれ規範が存在する。要するに、規範がサークルのバックボーンなのだ。メンバーたちは、誰も望まないような規範を強いなければ、メンバー同士が互いに節度ある行動を求め合うようになるとよく知っている。こうして互いに求め合うことによって、メンバーは規範を我が事として受け入れ、喜んで従うようになる。自発的に規範に従おうという体制が整うと、規範はルール以上の力を発揮する。ルールとは、自分がどうすべきかを他者が決めたものだ。ルールを破っても、見つからなければ、まあ大丈夫というわけだ。だが、規範は、自分がメンバーである以上それに従うと約束したものであり、自分自身で作り上げたものでもある。

サークルに規範が生まれ、メンバーが共に過ごす時間が増えてくると、素晴らしいことが起こる。メンバー同士が信頼し合うようになるのだ。ＡＡのメンバーが、自分の気持ちの奥深くにある考えや感情を包み隠さず語れるのは、この仲間なら話の内容を漏らしたりはしないし、無条件で自分を支えてくれると信頼しているからだ。バーチャル・サークルは匿名性が強まっているとはいえ、それでも信頼がベースにある点は変わらない。ウィキペディアに寄稿するメンバーたちは、互いを信頼して記事を編集し合う。クレイグズリストのユーザーは、サイトはコミュニティだと感じており、街中で出会う人よりも、自分と同じクレイグズリストのユーザーの方をより信頼する傾向にある。他のメンバーを最大限信頼するメンバーは、自分もまた最大限信頼されるようになる。

さらにメンバーは、自分にできる最大限の貢献をしようと、やる気満々になる。イーミュールのユーザーは、ただ乗りメンバーでいようと思えばいられるのだが、実際にはほとんどのユーザーが自分の手持ちファイルを世界中の仲間と共有する。エンジニアたちがアパッチに自作のパッチを提供するのは、このプログラムをより良いものにしたいからだ。グレンが段ボール箱を他のクレイグズリスト・ユーザーに譲ろうとするのは、自分も役に立ちたいと思ったからだ。ウィキペディアは、決して荒らされまくっているわけではない。これはある意味で、「多くの人は機会さえ与えられれば、前向きな貢献をしたいと思っている」証と言えるだろう。少し感傷的になりすぎているのかもしれないが、イントゥイットの創業者、スコット・クックの次の言葉は、本当にその通りだと思われる。「ウィキペディアは、人間の本性は善であると証明している」

第2の足：触媒

グランビル・シャープやビル・ウィルソン、アパッチ族のナンタンといった人々は、伝統的なエグゼクティブとは、まったく異なるタイプの人間だ。リーダーとしての彼らは、ある意味、鉄のような存在だ。

ある意味、とはこういう意味だ。地球上で最もありふれた元素である窒素と水素を容器に入れ、蓋をして1日放置すると何が起こるか。残念ながら、何も起こらない。だが、この均衡状態にある容器内に何の変哲もない鉄を入れると、肥料やポリマー、ガラス用洗剤の原料として重要なアンモニアが得られる。ここで肝心なのは、アンモニアは水素と窒素の化合物であり、鉄はいっさい含まれていないという点だ。アンモニアが合成される過程において、鉄はまったく変化しない。特定の方法で、水素と窒素の結合を促進しただけなのだ。

鉄は触媒なのである。化学分野における触媒とは、ある反応を引き起こすものの、それ自身は反応の前後で変化しない元素や化合物を指す。開かれた組織における触媒とは、サークルをスタートさせたら、後は身を引いて裏方に徹する人物のことだ。アパッチ族のサークルでは、ナンタンが触媒の役割を果たした。ナンタンは、自分が出したアイデアにサークルのメンバーが従いたければ、従わせる。ナンタンは模範によってリーダーシップを発揮するが、自分の考えを押しつけることはない。

同様に、ビル・ウィルソンはＡＡの触媒であった。彼はＡＡを創始したが、組織が軌道に乗ると身を引いた。手綱を手放し、ＡＡが独自の発展を遂げるに任せたのだ。

同じことが、あらゆる分権型組織で起きている。触媒は分権型組織を発足させるが、その後支配権をメンバーに譲り渡す。クレイグ・ニューマークは、サイトに載せるカテゴリーをクレイグズリストのユーザーに決めさせている。ジミー・ウェールズは、ウィキペディアのコンテンツの管理を完全にユーザーの手に委ねている。ブライアン・ベーレンドルフは、自身のコンピュータを提供し、プログラマーたちにアパッチ・サーバー開発の主導権を譲った。究極の触媒はイーミュールの創始者だ。彼もしくは彼女が誰なのか、誰も知らない。そして、権限は完全にユーザー側に委譲されている。プログラムのソースコードは、誰でもすぐに手に入り利用することができる。仮にソフトウエアが無料公開されておらず、触媒が存在感を示して一儲けしようなどと考えていたら、イーミュールは訴えられて存続できなかっただろう。

伝統的なリーダーと触媒との違いは、どちらもジュリー・アンドリュースが演じた、映画『サウンド・オブ・ミュージック』と『メリー・ポピンズ』の主人公の違いに似ている。『サウンド・オブ・ミュージック』の主人公マリアは、どこかギクシャクしたところのある家庭に住み込み、子どもたちに大切な教訓を与え、父親にもっと子どもたちのことを気にかけるよう説得し、どうすれば家族が仲良くなれるかを示す。『メリー・ポピンズ』のメリーも、同じようにギクシャクした（こちらの方が楽しげではあるが）家庭を訪れ、同じように愛らしい子どもたちをしつけ、同じように何もわかっていない両親に子どもたちに気を配るよう説き、同じように皆が仲良くなる方法を見つけ出し、同じように心に残る歌を歌う。

ただし、『サウンド・オブ・ミュージック』のラストでは、マリアは子どもたちと父親を愛するようになり、生涯を共に歩むことになる。これから先、一家を取り仕切るのは明らかにマリアだ。一方、メリー・ポピンズの方は、すぐにロンドンから去って行く。一家と深く関わりすぎるのを恐れたからではない。最初から明らかなように、彼女は自分の仕事をやるためにやって来た。そして、一家が自分たちだけの力で仲良くやっていけるようになったとき、彼女の仕事は完了したのだ。ひとたび目標を達成したメリー・ポピンズは、傘をさし、夕日に向かって飛んでいく。

リーダーシップを発揮するという役割を手放すことで、触媒は所有者の資格と責任をサークルに譲り渡す。メリー・ポピンズが去った後、一家は自分たちで責任をもってやっていかなければならない。触媒は普通、褒められたり、栄誉を得たりすることに関心はない。やるべきことをやり遂げたら、次の仕事に移る潮時だと心得ている。

しかしながら、触媒が去った後も、その存在感は依然として残り続ける。触媒は他者を鼓舞し、行動を起こすよう促す人物だ。サークルは自然発生するものではない。大勢の人間を同じ部屋に入れておいても、成り行きで2、3人のグループができ、せいぜいお天気の話か何かをするぐらいだろう。そこに触媒が加わると、やがて皆で輪になって座り、スキーが好きだとか、アンティークのランプの傘が好きだとかいった、共通の話題を巡る話し合いが始まる。触媒はアイデアを発展させ、それを皆と共有し、模範を示すことで皆を導く。


触媒は家を設計する建築家のような存在だ。家の構造を長持ちさせる上で絶対不可欠な存在だが、建築家自身はその家に住むわけではない。触媒が長く留まりすぎ、自分の作品にのめり込むようになると、全体の構造が中央集権的になってくる。クレイグズリストのクレイグ・ニューマークが陥った窮状は、まさにこれだ。彼は素晴らしいサイトを作り上げたが、現在のクレイグズリストはどれほど彼を必要としているだろうか。誰であれ、何百万ドルもの利益を上げる会社のオーナーになったら、メリー・ポピンズのように飛び去るよりも、マリアのようにいつまでも留まりたいと思うだろう。

シャープは奴隷制廃止運動から離れなかったが、間違いなくサークルに自由を与えた。

彼は帝国を築き自分が支配者になることなど、まったく興味がなく、ただひたすら奴隷制廃止運動の気運を高めることに集中した。シャープが権限を手放したからこそ、奴隷制廃止を訴えるサークルは急増したのである。

第3の足：イデオロギー

メンバーにサークル入りを決意させるものは何だろうか。なぜ時間を費やし、努力してまでサークルに参加しようとするのだろうか。すでに見たように、分権型組織は、さしてお金が儲かるわけでもないのに。

開かれた組織はコミュニティ感覚を味わわせてくれる。だが、それ以外の組織であっても、コミュニティ感覚を味わえるところは多い。マイクロソフトの社員は、社員同士の絆と友情のおかげで、十分にコミュニティとしての実感を得ている。だが、同時に彼らは、協働することによって給与を得ている。アパッチのエンジニアは一銭ももらっていないが、より良い製品を作りたいという欲求に突き動かされている。彼らは開かれたシステムを信頼し、お互いの貢献に敬意を払っている。そうしなければならないわけではないが、そうしたいのだ。確かに、ウィキペディアをはじめとして、多くの開かれたシステムが無料でサービスを提供している。だが、図書館に行ったり検索エンジンを使ったりすれば、同じ情報を簡単に調べられる。それにもかかわらず、人々はウィキペディアに引きつけられ、定期的に寄稿までするのである。

その理由はコミュニティ感覚のためだけではないし、無料で何かを手に入れられるからというだけでもない。また、自由と信頼だけが理由なのでもない。分権型組織をまとめる接着剤、それはイデオロギーである。アパッチ族は、自分たちは大地の一部であり、その土地を治める当然の権利をもつという共通の信念を抱いていた。このイデオロギーを保持できなかった一部のアパッチ族は、スペイン軍の誘いに応じて農業に従事し、中央集権型システムに組み込まれていった。だが、仲間とともに踏み留まった者たちは、自主独立の信念を固く守り続けた。このイデオロギーを脅かす者は誰であれ——スペイン人であれ、メキシコ人であれ、アメリカ人であれ——敵と見なされる。アパッチ族は自分たちのイデオロギーを固く守っており、大義のためであれば戦うことも、自らを犠牲にすることも厭わなかった。このイデオロギーがなければ、アパッチ族といえども、分権型の組織を維持しようというモチベーションは保てなかっただろう。

ＡＡのイデオロギーは、人は互いに助け合って依存症から脱却できる、というものだ。例の回復のための12のステップは、このイデオロギーが言わんとすることを反映した内容となっている。12のステップを受け入れられない人間が、ＡＡに留まることはないだろう。一方で、受け入れた人々は極めて厳格にステップを辿っていく。イデオロギーをないがしろにしたら最後、自分はまたアルコール依存症に逆戻りしてしまう、そう信じているからだ。同じように、シャープとクエーカー教徒にとって、奴隷制との戦いは、何としてでもやるべきことであった。そのため、多くの人々がこの運動に生涯を捧げたのである。

インターネットのおかげで誕生したヒトデ型組織は、さほど意義深いイデオロギーを掲げていないかもしれない。たとえばイーミュールのイデオロギーは、無料の音楽ファイル交換は価値ある行為である、といったものになるだろう。賛成する人は何百万といそうだが、そのために人生を捧げる人はいなそうだ。クレイグズリストやウィキペディアにも同じことが言える。それぞれのイデオロギー(コミュニティへの投稿や、記事の共同執筆は価値ある行為である）からは、アパッチ族やＡＡのイデオロギーほどの力強さは感じられない。

イーミュールやクレイグズリスト、ウィキペディアが必ずしも永遠に存続するとは言い切れないのは、このためだ。他の組織が現れて、似たようなイデオロギーを掲げることは大いにあり得る。だが、この世に依存症がある限り、ＡＡとそこから派生したグループの存続は十分に期待できるのである。

第4の足：既存のネットワーク

クエーカーは政治力や影響力をほとんどもっておらず、異端視された集団であった。だが、異端扱いされたことが、結局彼らに別の意味での力を与える結果になった。彼らはアウトサイダーであったが故に、独自の文化、独自の取引関係、独自のコミュニティを築くことを余儀なくされた。こうして、共に暮らし、互いに売り買いをし、信仰を同じくする人々の堅固なネットワークが形成された。共通の価値観をもった緊密なコミュニティに、すべての人は平等であるという信念がもたらされると何が起こるか。その答は、分権化である。クエーカーは、単に自分たち自身が分権化しただけではない。彼らの分権型ネットワークは、奴隷制廃止運動を支える強固な基盤ともなったのである。このように、既存のネットワークにうまく便乗できたおかげで、奴隷制廃止運動は軌道に乗り始める。

当時クエーカー教徒は、イギリスだけで2万人以上いた。すでにサークルとしての活動に精通しており、共通のイデオロギーももっていた。シャープは18年もの間イギリス中を回り、世間並びに裁判所を味方に引き入れようと奔走していた。だが、強力な後ろ盾なしで奮闘する彼は、まるでドン・キホーテのような空想的な理想主義者にしか見えなかった。分権型の組織を一から作るのは非常に難しい。世間の大多数の人が奴隷制に賛成している状況であれば、なおさらだ。だが、この状況で運動の基盤を提供してくれたのがクエーカーだった。

大きな成功を収めた分権型組織のほとんどが、既存の組織を基盤としてスタートしている。ビル・ウィルソンの場合は、オックスフォード・グループを基盤としてAAを創設した。オックスフォード・グループは、ルター派から宗旨替えした牧師が始めた、キリスト教運動を推進するグループだ。オックスフォード・グループにはすでにサークルがあり、6ステップの回復法というものまで存在した。ビル・ウィルソンは6ステップを12ステップに変更した上でこの手法を借用し、最初のAAサークルを立ち上げたのだ。

ただし、既存のネットワークに入り込むのは、何か素晴らしいアイデアを携えて集会に顔を出せば済むような簡単な話ではない。シャープにしてみれば、クエーカーが中央集権型だった方がよほど楽だったに違いない。その場合はリーダーに会って、信者を動員して奴隷制反対運動に参加させてほしい、と説得することもできただろう。

だが、中央集権型組織は基盤とするにはふさわしくない。理由は3つある。第1に、上からの指示は、メンバーを従わせることはできても、メンバーが全身全霊を傾けるほどの強い動機づけにはならないからだ。第2に、トップダウン型組織のリーダーは組織活動を管理したがり、その結果創造性が損なわれてしまうからだ。そして、最も重要なのは第3

の理由で、中央集権型組織は分権型の活動向きには作られていないからだ。サークルという、メンバーが活動に参加し、アイデアを自分事として受け入れるための基盤が存在しないのである。

これに対して、分権型ネットワークには、サークルと権限を与えられたメンバーが存在し、概して新しいアイデアを歓迎する空気がある。だが、全体を取り仕切る責任者がいなかったため、シャープはメンバーとの個人的な関係に頼らざるを得なかった。シャープ自身はクエーカー教徒ではなかったが、クエーカーを批判したり、自分の考えを押しつけたりはしなかった。こうしてシャープは少しずつ、クエーカーの信頼と友情を勝ち取っていったのだった。

一般に、ネットワークに加わるには、シャープのような触媒としての特別なスキルが必要になる。だが、すでに見たように、インターネットがすべてを変えてしまった。シャープの時代、分権型組織は珍しく、そこに入るのは簡単ではなかった。しかし、今日ではインターネットという開かれた基盤の上に、多種多様なヒトデ型組織が生まれている。インターネットは新しいヒトデ型組織の繁殖地であり、発射台でもある。スカイプ、イーミュール、クレイグズリストなどは、インターネット上に誕生した数多くの分権型組織の一例に過ぎない。

インターネットが分権化にもたらした影響は、計り知れないものがある。人々は何世紀にもわたって分権型の組織を作り続けてきた。しかし、クエーカーのような既存の組織が基盤となってくれるケースは稀だったため、分権型組織の数は依然として少なかった。また、その多くは利益追求型というよりも社会奉仕型のものであった。インターネットは人々のコミュニケーションを容易にしただけでなく、新しく生まれる数多くの分権型組織に、成長のための肥沃な土地を提供した。われわれが今目撃している大変革は、インターネットとそれがもたらす基盤が引き起こしたものである。

しかし、シャープに第5の足が欠けていたとしたら、たとえクエーカーという基盤があったとしても、奴隷制を完全に廃止することは叶わなかっただろう。シャープは情熱的な触媒であったが、ビジョンを実現するには別のタイプの人間が必要だった。そう、トマス・クラークソンのような人物が。

第5の足：推進者

1785年、トマス・クラークソンは、奴隷制廃止をテーマとしたエッセイ・コンテストに応募した。賞を取りたいというのが、一番の動機だった。だが、テーマについて調べ、奴隷船の忌まわしい状況や、主人たちが、いわゆる自己の所有物をいかに非人間的に扱い、虐待しているかといった実状を知るにつれて、とても落ち着いてはいられなくなった。クラークソンは奴隷制廃止論者のイデオロギーに共感を覚えるようになった。コンテスト優勝後、熱意とやる気を一層強めた彼は、奴隷制に真正面から勝負を挑むようになった。こうしてクラークソンとシャープは出会い、意気投合する。シャープが夢追い人だとすれば、クラークソンは遂行者だった。クラークソンのようなタイプの人間を、ここでは「推進者」と呼ぶ。

推進者は新しいアイデアの実現を執拗なまでに追求する。触媒は、人々を触発し、ごく自然に人々を結びつけるカリスマ性があるが、推進者はアイデアを次のレベルに押し上げる。ナンタンの例でもわかるように、触媒のカリスマ性にはどこかしら捉えがたい側面があるが、推進者には捉えがたさというものがまったくない。この点については、カリフォルニア州のバークレー郵便局の局員たちに尋ねてみるといい——彼らは未だにレオール・ジャコビのことを話題にしている。

推進者の典型のような人物を挙げるとすれば、ジャコビで決まりだ。彼は生まれながらの人付き合いの達人だが、それ以上にセールスマンとしての才に長けていた。子どもの頃、両親に連れられてレストランに行くと、彼はテーブルを離れ、他の食事客とおしゃべりを始めてしまう。気づくとそうなっていたという。こういう場合、相手は、最初のうちはかわいらしいと思ってくれるが、すぐにプライベートな場を邪魔されて不快に感じ始めるのではないか——そんな風に思うかもしれない。だが、ジャコビの場合、まったくそうはならなかった。幼くしてすでに、人を惹きつける力を発揮していたのだ。誰もが彼に魅了された。

ジャコビは生まれつき情熱的で、いつも活き活きしていた。何かに夢中になると、犬のロットワイラーのように、噛みついたら絶対に放さない。チェスを習うと、州のベストプレイヤーに選ばれるまで学び続けた。音楽にのめり込むと、バンドを組んで成功してしまう。だが、ヴィーガン（牛乳や卵もとらないベジタリアン）としての生活を始めたときこそ、彼が本当に打ち込める対象を見出したときであった。

ベジタリアンになった人は、食習慣を変え、自然食品の店で買い物をするようになり、場合によっては車にベジタリアンであると示すバンパーステッカーを貼ったりする。だが、ジャコビがヴィーガン生活の虜になったことは、たちまち皆に知れ渡った。何事も中途半端にできないたちなのだ。彼はイベントを企画し、会議に出席し、出会った人ほぼ全員を会話に巻き込んでヴィーガンの話をした。電話番号案内にかけたときも、気づくとオペレーターにヴィーガンの食生活について熱弁を振るっていた。ジャコビの話し方に含まれる何かしらの特徴——興奮した口ぶりや彼の魅力——が聞く者を心地好くさせ、彼の話に耳を傾けさせてしまうのだ。先ほどの電話オペレーターも、彼と1時間も話した揚げ句に、ヴィーガン食を試してみることにした。

手紙を出しに郵便局に行くと、ジャコビはバックオフィスの職員も含めて、すべての郵便局員と仲良くなった。注目すべきは、相手は活動家ではなく郵便局員だという点だ。普通、郵便局員というのは、何かに興奮したり、にっこり微笑んだりということをめったにしないものではないだろうか。だが、ジャコビがやって来ると、皆、友人と久しぶりに会ったときのような挨拶をするのだ。ジャコビには、ほぼ全員がこのような反応を示した。ヴィーガンを人に薦め始めてから1年も経たないうちに、彼は全国組織を立ち上げ、ヴィーガンに関するウェブサイトをスタートさせた。また、全米の大学の学食でヴィーガン食をメニューに加えさせ、ベジタリアン・レストラン・チェーンの開業を支援し、大手テレビ局や新聞社の取材も受けた。加えて、マクドナルド社との商標争いでも勝利を収めた。

クラークソンが奴隷制廃止運動にもち込んだのも、まさにこの種のエネルギーだった。クラークソンとシャープはメンバー12人のサークルを作ったが、クエーカー教徒でないのは彼ら2人を含めて3人だけだった。サークルは上下関係のないフラットな組織で、全会一致でなければ何事も可決されなかった。ほどなくサークルのメンバーたちは、他のクエーカー教徒を活動に引き入れるようになった。

そもそも推進者というのは、異常なほどに活動的なものである。触媒と同じく、推進者もヒエラルキーのない環境で力を発揮するが、まとめ役や連結役というよりもセールスマンと言った方がいい。クラークソンが行ったのは、まさに売り込みであった。彼はサークル内のメンバーで唯一、フルタイムで運動に取り組んだ。1日16時間働き、イギリス中を旅して回った。活動に取り組むこと60年、奴隷制廃止運動に捧げた人生であった。彼が証拠集めのために会った奴隷船の乗組員は2万人に及ぶ。公開討論会に参加し、新聞を発行し、バッジも作った。いわゆるインフルエンサーとも会ったが、相手はクラークソンがクエーカー教徒ではないので敬意をもって接してくれた。議会でのロビー活動も行った。

クラークソンは新しい町を訪れるたびに、奴隷制廃止のためのサークル作りを支援した。ネットワークは、徐々に力を得ていった。彼のメッセージが広まるにつれて、奴隷制は世間の耳目を集めるようになった。クラークソンはゆっくりではあるが、世間の人々の心を捉えていった。

1833年、アメリカで奴隷制が廃止される数十年前のこの年、イギリスで奴隷制が非合法化された。シャープは奴隷制廃止運動の触媒であったにもかかわらず――というよりも、触媒であったが**故に**――、歴史の教科書で扱われることはほとんどない。同じくクラークソンも、すぐに忘れられてしまった。

今日、奴隷制廃止の立役者とされているのは、この運動の支持者で議会における代弁者でもあった政治家、ウィリアム・ウィルバーフォースである。ウィルバーフォースが亡くなった際、息子たちは父を讃えると同時に、クラークソンを激しく非難した。分権化された運動の指導者たちは、自分が正しく評価されるために自ら動くようなことはしない。そのため、ヒトデ型組織の力を理解しない人々は、運動が成功したのは政治家のおかげだと思ってしまうのだ。

5本の足はどう動くか

イギリスの奴隷制廃止運動は目的を達するとやがて下火になっていったが、火が完全に消える前に、別のある強力な勢力を生み出していた。ここで登場するのがエリザベス・キャディ・スタントンだ。有名な判事の娘であるスタントンは、1815年にニューヨークで生まれ、ニューヨークで育った。兄が亡くなったとき、彼女は父親から、娘しか残っていないのは残念だと言われてしまった。この言葉を聞いたエリザベスは、自分は兄がやり遂げたことはもちろん、それ以上のことを成し遂げようと心に誓った。彼女はギリシア語を学び、文学コンテストに応募し、スポーツも楽しんだ――いずれも、当時の女性には珍しいことだった。

25才のとき、奴隷制廃止論者と結婚。夫はスタントンを多くの奴隷制廃止運動の重要人物たちと引き合わせたが、その中の1人が推進者のトマス・クラークソンだった。「これらの人々についてはすでに読んだことがあった。日ごと彼らの家を訪ねたが、目の前にいる人が、自分が長いこと遠くから崇敬してきた人物だという実感は、なかなか得られなかった」と、スタントンは当時を振り返って述べている。

だが、奴隷制廃止論者と過ごした経験は、すべてが前向きなものとは言えなかった。あるとき、奴隷制反対の集会に参加したスタントンは、男性席から離れたところに衝立で仕切って作られた女性用の席に座らされた。それればかりか、女性には会議中の発言も、投票も許されていなかった。彼女は憤慨した。女性に男性と同等の権利が認められていないというのに、どうして奴隷の権利のために戦えるというのか。同じ集会に参加していた他の女性たちと話しながら、スタントンは生まれて初めて「両性の平等」という言葉を噛みしめていた。

シャープと同じようにスタントンも、イデオロギーと出会うことで新しい運動を引き起こす触媒であった。女性にも男性と同等の権利をという思想は、スタントンの心に染み渡り、大きく育っていった。そして、およそ10年経った頃、彼女は「これまで経験したすべての出来事が、『さあ、次の一歩を踏み出しなさい』と私を駆り立てている」ように感じたという。女性の権利のために何かしなければならない。そして、はるかイギリスの地での出来事を再現するかのように、スタントンもまたクエーカーという既存のネットワークと手を組んだのである。

奴隷制廃止論者の例に倣い、スタントンはクエーカーと共に女性の権利についての集会を開き、女性にも投票権が認められるべきだと主張した。「その後の出来事をほんの少しでも予感していたら、あのような危険を冒す勇気は湧かなかったかもしれない」と彼女は後に回想している。その後何カ月、いや何年にもわたり、スタントンは全米の有力紙から叩かれ続けることになる。「メイン州からテキサス州までのすべてのジャーナリストが、誰がわれわれの運動を一番馬鹿にできるかを競い合っているかのようだった」

すべての新聞とは、奴隷制に反対する新聞を除くすべての新聞ということだ。間もなく、奴隷制廃止論者たちが、スタントンらの新しいイデオロギーに支持を表明した。奴隷制廃止運動がイギリスのクエーカーのネットワークに便乗したように、婦人参政権運動はアメリカの奴隷制廃止運動に便乗できた。こうして、婦人参政権サークルが全米各地で作られるようになった。

シャープが既存のネットワークに接近するだけでは十分でなかったのと同様に、奴隷制廃止運動に接近するだけでは、スタントンの運動を勢いづかせるには十分とは言えなかった。彼女にもまた、トマス・クラークソンやレオール・ジャコビのような人物が必要だった。そして、3年後にうってつけの人物に出会ったことで、すべてが変わった。「その日のことは今でもありありと覚えている」とスタントンは書いている。「彼女はそこに立っていた。優しく、真面目そうな面持ちに穏やかな微笑をたたえて。上品で落ち着いた佇まいは完璧そのものだった。私は彼女が大好きになった。どうしてすぐに自宅に招いて、夕食を共にしなかったのか、未だにわからない」

こうして触媒のスタントンは、推進者であるスーザン・B・アンソニーと出会う。2人は初対面のときから意気投合し、生涯の友となった。典型的な触媒であるスタントンが、女性の離婚権の獲得など、女性の権利拡大のための新たな方法を追求し続けたのに対し、典型的な推進者であるアンソニーは、脇道に逸れることなく、婦人参政権運動に邁進した。アンソニーはアメリカ中を駆け回ったため、列車の時刻表を暗記してしまったほどだ。彼女は、教会でも学校の校舎でも集会所でも納屋でも、話を聞きたいという人がいるところであれば、どんな場所でも話をした。つまり彼女は、生涯を婦人参政権運動に捧げたのである。

スタントンは、アンソニーのあまりのやる気に圧倒された。「どこかの町でまだ半人前の編集者や聖職者たちとの公開討論会を終えると、コロンビア川を遡って、大急ぎで約束していた人に会いに行き、その後オレゴン州とワシントン州の険しい山を越えていく。さらに、立法議会や憲法集会、議会の委員会にも出席し、上院議員や判事たちと憲法の文面や精神について議論する」。クラークソンと同様、アンソニーもまた、自分が情熱を傾けるテーマについて、いつでも話をする準備ができていた。この点では、どちらかと言えば寡黙なスタントンとは対照的であった。たとえばこんなことがあった。2人でミシガン州にある聾者のための施設を訪ねたとき、スタントンの方はほっとしていた。「この施設では話をしてほしいと頼まれないだろうから、気が楽だった」と言う。しかし、アンソニーの方は、大胆にもやる気満々で演台に上っていった。「耳の不自由な生徒たちの笑い声と涙と拍手喝采から、彼らがアンソニーのペーソスやユーモア、主張を正しく受け止めているのがわかった」

アンソニーは大胆であると同時に、怖いもの知らずでもあった。当時、女性の投票は違法だったにもかかわらず、ニューヨーク州ロチェスターの投票所に現れ、自分にも投票させるよう求めた。事務官がそれは無理だと説得を試みたが、彼女は事務官を訴えると脅した上で、無理矢理投票してしまった。その後投票したかどで逮捕されたが、それは却ってアンソニーを奮い立たせただけだった。彼女は自分の裁判が予定されている郡内のすべての町で演説を行い、大勢の聴衆の心を捉え、首尾良く運動への支持を取り付けた。彼女の話を聞いた人が増えすぎたため、裁判を別の郡で行わなければならないほどだった。だが、変更先の郡でも同じことが起こり、その後も同様の事態が何度か繰り返された。最終的には裁判で有罪とされ、判事から罰金100ドルの支払いを命じられた。だが、アンソニーは言った。「裁判長、恐れながら申し上げます。あなたの課した不当な罰金など1ドルたりとも支払うつもりはございません」。そして、実際に支払わなかった。

アンソニーには最後まで争う覚悟ができていた。この情熱と決意のおかげで、後にスーザン・B・アンソニーの横顔は1ドル硬貨に刻まれることになる。片やエリザベス・キャディ・スタントンの方は、歴史書の中でもあまり詳しく取り上げられてはいない。

スタントンは、アメリカ女性の生き方を変える運動を設計した建築家だった。サークルを作り、時代に合ったイデオロギーを巧みに活用し、既存のネットワークの力を借り、推進者と協力することで、歴史の流れを変えた。諸々の活動を立ち上げ、運動に命を吹き込んだスタントンは、最後にメリー・ポピンズのように去って行った。

第5章 触媒の秘めたる力

一見したところ、オーレン・ホフマンとジョシュ・セージはまったく正反対の人間に思える。ホフマンは実力者であり、手広く商売をするようなタイプだ。ユダヤ人のお婆さんが、イディッシュ語でmacher（マッカー：実力者、大物）と呼びそうな人物である。いつでも何かしら新しいことに関わっている。大学時代は学内政治がそれだった。ドッドコム時代はハイテク企業で成功した。その後もそんな調子だ。見た目も振る舞いもビジネスマン然としている。話すスピードも速いが、頭の回転はもっと速い。さらに、普通はベテランの上院議員かフォーチュン500企業のCEOからしか感じられないようなカリスマ性まで備えている。昔であれば、何かにつけ相談に乗ってくれる頼もしいご近所さんという感じだ。服装はいつもパリッとしていて、プロ意識が全身にみなぎっている。フォーチュン500のCEOや世界のリーダーと並んで写真に収まるときも、そこにいるのが当然であるかのように、気楽にくつろいで見える。

ホフマンがお歴々と記念撮影をするタイプなら、ジョシュ・セージの方は、俳優で活動家のウディ・ハレルソンのような連中と一緒にいるのがお似合いだ。どう見てもカリフォルニア出身のようだが、実はそうではない。北カリフォルニア以外ではめったにお目にかかれないような、ざっくばらんな大らかな性格だ。彼が今最も関心を寄せているのは、社会的平等と環境保護である。アメリカの指導的立場の活動家との付き合いもあり、若者に発言の場を与えるべきだという強い信念をもっている。

実際にホフマンとセージと知り合いになってみると、最初に思ったよりも共通点が多いことがわかる。2人とも触媒なのだ。触媒に会うと、必ず惹きつけられてしまう。彼らの魅力に抗うのは難しい。一般の人間とはまるで違うのだから。それにしても、具体的に何が特別なのだろうか。何が彼らを一般人と分けているのか。分権型組織を作るに当たって触媒が不可欠とされるのは、彼らがどのような性質を備えているからなのだろうか。

われわれは、開かれたシステムに不可欠な、分権化の5本の足の1つである現代の触媒について理解しようと試みた。そこで明らかになったことは、当初から興味深いものではあった。だが、触媒と触れ合う時間が増すにつれて、確固たるパターンが明らかになってきた。それは新たな発見であり、興味を引かれるものであると同時に、驚くべきものでもあった。触媒は会社のCEOたちとは、まったく異なる種類の人間なのだ。見ようによっては、われわれは人類学者のトム・ネビンズのようなものだ。なぜなら、彼と同じように、まったく異なる社会と文化について研究をしていたわけだから。

われわれの身近にいて、最も興味をそそる触媒と言えば、ウィキペディアを陰で支えるジミー・ウェールズだ。初対面のときから、温かくて前向きな人物だと思った。「私は病的なほど楽観的な人間でしてね」。彼はそんな言葉で自己開示すると、こう付け加えた。「愛や尊敬という話をよくするんですよ。私たちのコミュニティの核となる価値観は、思いやりをもつこと、親切にすること、個人攻撃をしないことです。人々が、今自分がしていることを幸せだと思っているかどうか、それをいつも確かめています」。他の人がこんな風に言ったら、たいてい、こちらは話半分で受け止めるだろう。だが、自分の価値観について語るウェールズは、掛け値なしで誠実な人間に見えた。彼は信頼できる。なぜなら、彼がわれわれを信頼してくれているから。

ウェールズの場合、人を信頼するというのは、ユーザーに効率的なサイト構築を任せるのとほぼ同じ意味だ。「自分一人で百科事典を執筆するなんて無理ですから。ウィキペディアは、そもそものスタートからコミュニティだったのです」。会話を続けていくうちに、今ではお馴染みとなったテーマが話題にのぼった。「ヌーペディア（ウィキペディアの前身）で一番重要なことは、要するにあれは失敗だったという事実です。審査のための7つのステップや、あれやこれやの委員会など、基本的にヌーペディアの企画はトップダウンでなされたもので、実際に最後まで完了した仕事はほとんどありませんでした。いつも言っているように、確かにヌーペディアは失敗でしたが、1つ役に立ったことがあります。それは強固なコミュニティができたことです。そのおかげで、ウィキペディアは幸先の良いスタートが切れました」

触媒にとって、権限を手放しコミュニティを信頼することがすべてだ。われわれはウェールズに、ウィキペディアのコンピュータ・システムで使うサーバー・ソフトウェアは誰が管理しているのか、と尋ねてみた。「わかりません」と彼は答えた。「ユーザーが自分たちで決めています。どうやって決めているのかも知りません。誰が管理者アカウントをもつかは、コミュニティ全体で合意した方法で決めているんですよ。ユーザー同士、お互いの動きは見ていますすね」

ウェールズは、ウィキペディアのコミュニティを健全な状態に保とうと最大限の注意を払っている。「私は講演で世界中に出かけますが、どこに行ってもウィキペディアのボランティアに会います。たいてい一緒に夕食に行って、ウィキペディアについていろいろおしゃべりするんです。ウィキペディアにまつわるゴシップは世界中どこでも同じですね。登場人物が変わるだけです。コミュニティに影響を及ぼす問題は、いつだって似たような問題なんです」。直接メンバーと会えないときは、「ものすごい時間をかけてコミュニティ宛のメールを書いています。みんなと連絡をとって、メーリングリストでもち上がった問題について議論するためです」。しかしながら、「ウィキペディアの中身については、いっさい記事は書きません。編集したこともほとんどありません。ただ、サイトの方針に関わる問題については関与しますし、論争は解決するよう努めています」

以上が、ウェールズの役割のほぼすべてだ。彼はコミュニティに信じられないほどの自由を与えている。「スケジュールはありませんし、指示もありません。上司という立場の人間は1人もいないのです。メンバーは、ただ自分の選んだプロジェクトに取り組むだけ。サーバーのメンテナンスが必要になれば、リモートでサーバーにログインしてメンテナンスできます。必要であれば、ネットワークの再設定もします。すべてその時々の状況に応じて、つまり組織なしで、完璧にやり遂げられるのです。これでうまくいっているんですよ。時々サイトの反応が遅くなるのは、ハードウェアの数がまだ不足しているからです。収入のほぼすべてをハードウェアに投資しているんですがね。しかし、うまくいってはいます」

うまくいっているのは、ウェールズが他の人々に権限を委譲し、自分は身を引いているからだ。われわれが出会った触媒は皆そうしている。デボラ・アルバレス＝ロドリゲスは、サンフランシスコにあるグッドウィル・インダストリーズのCEOだ。ウェールズと同じように、温かさが滲み出ている。母親のような部分もあるが、決してこちらの息が詰まるほど世話を焼くわけではない。この点でバランスをとるよう意識し始めたのは、サンフランシスコの児童・青年・家族局の局長時代だという。局長というポジションには極めて強い権力、影響力、権限がつきものだが、彼女はそんなものは何一つ望んでいなかった。ウェールズがそうだったように、アルバレス＝ロドリゲスも「どうすれば人の役に立てるか。どうすればもっと触媒として若者やその親に働きかけ、変革の主人公として行動してもらえるか」を考えるようになった。

彼女は他の人が考えつかないようなアイデアをもっていた。権利団体というのは市にとって頭痛の種とも言うべき存在だが、彼女はすべての権利擁護団体に自分のオフィスを開放し、招き入れたのである。「私のオフィスが集会所になりました。わが部局が活動の中心地となったのです」。人々は膝を突き合わせて活動するうちに、互いに信頼し合うようになっていった。

信頼と結びつきをさらに強めるため、アルバレス＝ロドリゲスはイデオロギーに焦点を当てた。彼女は権利擁護団体のメンバーに、具体的な戦略や基本的な事柄については話したくないと告げた。「計画や予算の話をするつもりはないの。そういうことに関しては、今いっさい話すつもりはないわ」。その上でメンバーに尋ねた。「夜も寝られないほど、あなたが夢中になっているものは何？　あなたにとって嬉しいこと、涙が出るほど嬉しいことって何なの？　私も話すからみんなも話して。あなたたちがどんな人なのかを知りたいのよ」。触媒が他のメンバーとの関係を構築する上で最も重要なのは、相手を信頼し理解することだ。彼女もそのことを理解していた。「人との絆を深めるには、権威をもち出すよりも価値について語り合った方が効果的だと考えたからです」。対話を始めたものの、最初はギクシャクしていた。「みんな少し身構えていたみたいで。私も同じでした。リーダーとして至らない部分も、ある程度さらけ出さなければなりませんでしたから」

だが、対話の相手は支援団体ではなく、激しやすい活動家のグループだ。いい雰囲気で先ほどのような話ができたとしても、翌日彼女の政策が気に入らないとなれば、市役所の階段で彼女の肖像を焼くような人たちなのだ。そんな相手とよく対話できるものだ。驚いたことに、アルバレス＝ロドリゲスは肖像を焼くのは大歓迎だと言う。権利擁護団体のメンバーに彼女はこう言っている。「あなたたちが私の提案に対して、『こんな馬鹿げた話、聞いたこともない。あなた、どうかしたの？』と言ってくれるようであれば、私たちの関係は本物だし、信頼できる。でも、みんなが、私が決めたのなら、すべてうまくいくはずなんて思い始めたら、それは由々しき事態よ」

「みんなが事前に連絡をくれるまでになったとき」は嬉しかった、と彼女は言う。「『今から市役所に行って、階段のところであなたの肖像を焼くよ』って教えてくれるんです。私が『オーケー。で、今回私は何をやらかした？』と聞くと、ちゃんと説明してくれるんです。『あなたの言う通り、確かに私はそう言った。あなたたちがそこまで腹を立てているんだったら、いいわ、焼いてちょうだい。知らせてくれてありがとう』。私たちは、こういうやり取りができるような関係なんです。お互いをうんとリスペクトしていないと、できません」。自分の肖像が焼かれた後でも対話ができる、ましてやリスペクトし合える――それほどまでに信用と信頼に満ちたコミュニティを想像できるだろうか。

これほどの信頼関係を築ければ、素晴らしい成果がもたらされる。アルバレス＝ロドリゲスのおかげで、サンフランシスコ市は全米で初めて、18歳未満のすべての子どもに総合的医療保障を提供する都市となった。こうして成功の極みに近づきつつあるまさにそのとき、彼女の心に不安がよぎった。「自分がカリスマ的リーダーとして祭り上げられ、せっかく作り上げてきた政策やシステムを駄目にしてしまうのではないか、と思ったのです。出来事よりも私の方に注目が集まり始めたら、危険な橋を渡り始めた徴(しるし)でしょうから」。こうしてアルバレス＝ロドリゲスは、メリー・ポピンズのように去って行った。

その後彼女は、サンフランシスコにあるグッドウィル・インダストリーズのＣＥＯに就任する。彼女には、この組織もまた、イデオロギーに触れるところから建て直す必要があると感じられた。現在、彼女はサークル作りに精を出しているところで、社内のあらゆる階層からメンバーを募っている。そして、彼らが会社の重要な意思決定を担えるよう権限を与えようとしている。

アルバレス＝ロドリゲスは、触媒としての矜持を守るべく、会社のトップとして見られることを頑なに拒んでいる。実際、グッドウィルのウェブサイトで彼女の名前を見つけるのは至難の業だ。古代中国の哲学者、老子に「指導者は下の者にほとんど意識されないのが最高の状態であり、服従されるのはあまり良いとは言えず、嫌われたら最悪である」という言葉があるが、彼女はこのことをよくわきまえている。

すべての触媒が陰に隠れているわけではない。実際、オーレン・ホフマンが目立たずにいるのは不可能だ。彼のウェブサイトを開けばすぐに見つかるし、自分の名前が公表されるのをためらったりはしない。だからと言って、自分のことばかり考えているわけではない。彼にとっては、人と人とを結びつけることがすべてなのだ。たとえば、私（筆者の一人、オリ・ブラフマン）が彼と会ったとき、彼はいきなり「君の友だちのサラを知っているよ」と言ってきた。ある会議でサラと一緒になり、そのときサラが出身大学はどこかと彼に聞いたそうだ。答を聞いたサラが、私（オリ・ブラフマン）も同じ大学に通っていたと伝えたのだ。2人の結びつきを見出したのはサラだったが、ホフマンはそれを心に留め、われわれが出会ったときのために取っておいたのだ。彼の頭はこんな具合に働く。自分が人と知り合い、そして人と人とを結びつけるのを好むのである。いや好むどころか、結びつけずにはいられないのだ。画家が絵を描かずにはいられないように、ホフマンは人と知り合いにならずにはいられない。彼は言う。「深い関係でなければ本物の人間関係ではないと言う人もいる。でも、それだと20人ぐらいの親しい友人としか付き合えない。この20人以外との関係は弱い関係だけど、とても価値のある関係だと思っているんだ」

彼は浅い人間関係というものに魅力を感じている。「学べることがたくさんあるし、本当に面白い人とも出会える。どんな人だって、少なくとも1時間は興味津々で会っていられるし、たいていの人はそれよりもはるかに長い時間でも大丈夫さ」。こんな特質をもった彼は、人を引き合わせたいという自分の衝動をうまく活用する術を見出した。

優れた触媒は皆そうだが、ホフマンもさまざまなネットワークを作ってきた。たとえば、一流の思想家や企業のエグゼクティブが社会問題について話し合うシリコン・フォーラム。一流企業のCIO（最高情報責任者）が、定期的に重要テーマを話し合う電話会議、CIOシンポジウム。また、シリコンバレー100は、マーケターが自社製品を「サンフランシスコ・ベイエリアで強い影響力をもつインフルエンサー」に使ってもらうための集まりだ。だが、彼の活動で一番興味深いのは「レンタル触媒」だろう。ホフマンが経営するストーンブリック社は、企業が分権型ネットワークを構築したり、活用したりするのを支援する会社だ。この仕事について彼は、「こんなことに本当にお金を払ってくれるなんて、時々信じられないような気持ちになるよ」と言っていた。ストーンブリックの基本理念は、企業が顧客やパートナーを見つけ、長期的な関係を築けるよう支援することだ。

企業がホフマンを雇うのは、彼が複雑な社会的ネットワークのナビゲーターとして優れているからだ。彼は普通の人にはとてもできないようなやり方で、絶えず頭の中の人脈図を描き直している。「会いたいと思う人の大半は、直接的な利害関係のない人たちだ。相手は必ずしもお客さんとは限らないけれども、その人がお客さんを紹介してくれるかもしれない。あるいはその人自身が3、4年経ったらお客さんになってくれる可能性もあるよね」

ホフマンの場合、誰と誰を引き合わせるかは直感的に決めている。普通の人が「誰を誰に紹介するとお互いにメリットがありそうか」とか、「実際にどうやって引き合わせようか」と考え始めると、たちまち頭が痛くなるだろう。だが、ホフマンにとって、それは訳もないことなのだ。「人に会ったら、頭の中に人脈図を描くんだ。大学がバークレーなら、きっとこの人とは知り合いで、云々と。誰と会っても必ずやるんだよ」。人脈図を描くだけでなく、それを活かして、ふさわしい人間同士を意図的に引き合わせるには、彼のような特別な才能が必要だ。よくあるシナリオはこんな感じだ。「まずボブに『ボブ、ジェーンに会うべきだよ。お昼は早めに切り上げて、会ってごらんよ』と伝えるんだけど、その前にジェーンに連絡を入れておくんだ。『ジェーン、君をボブの会社に紹介しようと思うんだけど、興味ある?』」。感心してしまうのは、こういう形で紹介された人々が皆ホフマンに感謝していることだ。ホフマンの直感が正しければ、ボブはジェーンに会ってメリットを得られるし、ジェーンもボブに会ってメリットを得られる。ホフマンは人を引き合わせ、関係ができるよう手を貸し、最後は触媒らしくその場を去って行く。

ホフマンが決して手数料をとらないのはなぜか。「理由はいくつかある。第1に、お金が絡まない純粋な形でやる方が、はるかにやりやすいんだ。僕が自分のお客さんを紹介する相手は僕の知り合いで、僕は彼らが好きだ。だから、僕が紹介したからと言って、彼らからお金をもらうのは何だかしっくりこない。手数料をもらわない2つ目の理由は、僕がアレンジした関係の多くが、相当に長続きするからだよ。紹介して数カ月後にビジネス上の取引関係になる人たちもいるけれど、紹介が次の紹介につながるようなケースもある。紹介したのがインフルエンサーだったような場合だね。僕のお客さんが、すでに紹介先と連絡を取り合っていたこともあった。それからもう1つ、セールスパーソンと競合するのは嫌だからね。手数料をもらったら、セールスパーソンの手から手数料を奪うことになる。でも実際にはもらっていないから、僕はセールスパーソンの一番の味方さ」

面白いもので、ホフマン自身は自分を――少なくとも、従来通りの意味では――ネットワーカーだと思っていない。「ネットワーク作りというのは、Xさんに会いたいと思ったときに、まずXさんが属するネットワークにアクセスして、そこからXさんを見つけるというイメージだと思う。でも、僕はカオスの方が好きなんだ。努力して誰かに会おうとしたことはないね。社会的なハシゴがあったとして、僕は自分よりハシゴの上にいる人に会うよりも、下の人に会う方がうんと好きだね。下の人の方が、助けてあげられることが多いから。人を助けるのは楽しいよ」

注目すべき点は、ホフマンが純粋に人助けを楽しんでいることだ。触媒について、彼はこう述べている。「確かに向いている性格というのはあって、人を助けるのが好きな人が向いているだろう。単に知り合いが多いという人は大勢いるけどね」。そういう人と違って触媒は「誰かと話を始めると、頭の中でどんどん考え始めるんだ。『どうやったらこの人の役に立てるだろう』。『誰に引き合わせるといいかな』『とにかくこの人の役に立ちたい、この人をもっと良くしてあげたい』って。掛け値なしに人助けがしたいんだよ。でも、その思いが活かされる機会はめったにないね」。ホフマンは人を引き合わせても、ごく一部の例外を除いてお金はもらわない。彼の頭の中に、誰を助けて、誰に貸しがあるかを記録した貸借対照表など存在していないのだ。

この点に関しては、ホフマンとジョシュ・セージには共通する部分が多い。2人とも人を助けることに情熱を燃やしている。ただし、セージが結びつけているのは、ビジネスパーソンではなく、全国の活動家だ。彼の情熱は周囲にも伝染する。彼が誰かに会って、その人のよく知らない、あまり気にかけてもいないことについて語り出したとしよう。15分後、相手はこう思うようになる。自分は今、世界で一番大切な話を聞いているんだ、と。そしておそらくはセージに尋ねるだろう。どうすれば自分も仲間に入れてくれますか、と。

シアトルでのＷＴＯ（世界貿易機関）への抗議行動の後、セージは活動家グループを集め、おんぼろのＲＶ車を借りて町から町へと巡りながら、グローバリゼーション問題に取り組むサークルを作って回った。

セージは、人を動かすには気持ちを鼓舞するストーリーを共有するのが一番と心得ていた。そこから先は、お馴染みのパターンの繰り返しだ。活動家たちが共通のイデオロギーを掲げ、サークルを作り、そのサークルが変異しながら世界中に広まっていった。

知らない町におんぼろのＲＶ車で乗り込み人々を組織化するには、決意だけでなく、ある種の厚かましさも必要だ。セージは情熱と厚かましさを併せもっており、だからこそ頼りになる存在として一目置かれるようになったのだ。彼は、ユース・アクティビズム（若者による社会活動）のドキュメンタリーを作ると決めたときの話をしてくれた。彼は、編集スタジオの向かいに停めたバンに寝泊まりしながら作品を完成させた。その間、バンドＲ．Ｅ．Ｍ．のリード・ヴォーカリスト、マイケル・スタイプに連絡を取り、作品をＭＴＶに紹介してくれるよう説得した。その後ＭＴＶ側と交渉し、いっさい編集せず、ノーカットで放映させることに成功する。ＭＴＶは放映する番組がなくて困っていたわけでもないし、環境問題についてのビデオが他になかったわけでもない。セージの情熱――作品に込められた情熱――が周囲の人々に感染したのだ。その上彼には、一歩も引かない厚かましさも備わっていた。

ほとんどの人間は、ＭＴＶとどうやったら接触できるのか、想像すらできない。ましてや、手作りビデオを放映するよう説得するなど無理に決まっている。だが、触媒は摩訶不思議なやり方でことを成就してしまう。

たとえば、デービッド・マーティンがそうだ。彼は不動産業界の大立て者で、人を動かす力を備えており、どこからどう見ても成功したCEOそのものだ。その上、世界各国のCEO約9500人が加入するネットワーク、YPO（Young Presidents' Organization　若手経営者機構）のトップも務めている。独特な身振り手振り、南部なまり、銀髪、きちんと手入れされた髭（ひげ）――まるで、テレビドラマ『ダラス』の登場人物のようだ。本物の登場人物J・R・ユーイングもマーティンには敬意を表さずにはいられないだろう。

マーティンは出張が非常に多い。世界中のCEOと会い、人当たりの良い洗練された触媒として活動している。彼は常に推進者にふさわしい人物、すなわち自分の仕事を引き継いでくれる人物を探し求めている。グッドウィル・インダストリーズのデボラ・アルバレス＝ロドリゲスと同じように、頭の中はいつでも新しいアイデアでいっぱいだ。そして、壮大なアイデアを投げかけ、人に興味をもたせ、仲間に引き入れる名人なのだ。

アイデアの豊富さもさることながら、人の話に耳を傾ける術にも長けている。相手の真の欲求を理解する大切さを十分承知しているからだ。相手の話をじっくり聞いて、何にワクワクするのかを理解し、そのエネルギーをプロジェクトに振り向けるにはどうすればいいかをアドバイスする。相手が全身全霊を傾けて努力するよう導き、導かれた側は自分の空いた時間をすべて費やすほどプロジェクトにのめり込むようになる。そして、ふと思う。「どうしてこのプロジェクトをやることになったんだっけ？」。ここまでくると、マーティンの仕事は終わりだ。

触媒のツール

デービッド・マーティンについて考えているときに気がついたことがある。これまで見てきた触媒は、皆似たようなツールを使っているのだ。ある朝目覚め、自分もオーレン・ホフマンになると決めてなれるものではないが、彼の商売道具を取り入れることなら確実にできる。

他者に対する心からの興味

触媒にとって、自分以外の人は歩く小説のようなものだ。一般人がほとんど耳を貸そうともしないような情報が、ホフマンのような人にとっては純金にも等しい。この点を理解するために、これまで出会った一番退屈な人を思い浮かべてほしい。たとえば、パーティで、職場での出来事か何かを延々と話している人がいたとしよう。周りにいる人の多くは、うなずいたり、不自然に微笑んだり、3日前の晩ご飯を思い出そうとしたりしている。すると、話している本人が、意識的か無意識的かはともかく、自分の話が誰の興味も引いていないのに気づき、話題を変えたり、黙り込んだりしてしまう。これが気楽な社交の場で感じる気まずさの原因だ。よく知らない人と、さして興味のない話をすると不安になるものだ。

だが、話の相手がホフマンだとしたら、おそらく、退屈な会話をしようと思っても無理だろう。なぜなら、ホフマンは他者に対して心から関心を寄せているからだ。相手が退屈な人に思えるのは、聞き手の側が的確な質問をしていないか、相手の真の情熱を引き出せていないかのいずれかだ——これが彼の持論である。

ホフマンのような人と話をすると、自分の話に本当に興味をもってくれているのだとわかる。そうなると、こちらはますます心を開き、自分自身をより一層さらけ出す。当然会話は楽しくなり、ああ、この人は本当に自分を「受け止めてくれた」という実感が得られるのだ。このように、自分を理解してもらえたと感じられて初めて、人は新しいことに心を開けるようになる。そして、自分も喜んで変わろうと思う。

これが触媒に不可欠なツールだ。パーティでホフマンと知り会った翌週、彼から友人を紹介したいという電話がかかってきたら、電話に出て、最後まできちんと話を聞きたいと思うだろう。退屈な、上辺だけの話をした相手からの電話だったら、こうはならないはずだ。

ゆるやかなつながり

ほとんどの人は、親しい友人のような限られたグループ内であれば、個人的で楽しい会話ができる。だが、触媒はこれと同じような交流を何千人もの人々と行う。もっと言えば、日々新しい人と会うことは、彼らの生きがいなのだ。ジミー・ウェールズが、自分が出会ったウィキペディア・ユーザー全員と深い人間関係を結ぶのは不可能だ。そもそも時間が足りない。普通の人は、そういうちょっとした交流がすぐに面倒になり、古くからの友人と一緒に過ごしたいと思う。ところが、触媒は他者に対して心から興味を抱いているので、この種の交流をとても意味深いものと考えている。ただし、触媒に個人的に親しい友人がいないわけではない。親しい友人に加えて、大勢の知り合いがいるのだ。このように、触媒は非常に多くの人を知っているため、自分の紹介がなければ決して出会わなかったような人間同士を引き合わせることができる。

地図作り

パーティで人と会話をしているときのホフマンは、相手の話を興味津々で聞くだけでなく、相手が自分の社会的地図のどこに当てはまるかを考えている。自分が知っている人は誰か、相手が知っている人は誰か、これらの人々が互いにどのように関係しているか、そして、頭の中にある広大な地図のどこに位置づけたらいいか。触媒は単に知り合いが多いのではない。どうすれば、知り合いたちが自分のネットワークの中でふさわしい場所を得られるかを、時間をかけて考慮するのだ。

ある人が、自分の共感する慈善事業、たとえば地元のフードバンクのために資金を集める場合を考えてみよう。一般的には、まず知り合いを思い浮かべ、場合によってはリストも作り、電話をかけ始めるのではないだろうか。最初は、仲のいい友だちに、寄付してもらえないかと穏やかに尋ねる。時には勇気をふるって、職場の同僚やその他の知り合い――たとえば教会やボーリングチームで知り合った人――にお願いするかもしれない。

触媒のやり方はまったく違う。最初に寄付してくれそうな知り合いを全員リストアップするところは同じだ。だが、次に考えるのは、ネットワークの中で唱道者になってくれそうなのは誰かということだ。「アリスはレストランを経営していて、彼女の知り合いはみんな食べ物に入れ込んでいる。アリスに頼めば、40人分ぐらいの寄付は集まりそうだ。いや、もっといい方法がある。貧困問題に関心の深い医者のビルに、アリスを紹介したらどうだろう。いや、もしかすると……」と、こんな調子だ。

われわれは皆、ある程度は頭の中に地図を描く。だが、普通の人の描く地図は、小縮尺で個人的なものになりがちだ。われわれの地図がご近所や市のスケッチだとしたら、触媒の地図は国全体を収めた詳細な衛星写真だ。触媒はこの地図を使って楽々と、しかもスピーディに目的地に到着するだけでなく、新たな結びつきを生んだり、新たなサークルを作ったりしながら、絶えず町と町とを結ぶ新しい道を敷いているのである。

役に立ちたいという欲求

触媒と言われる人々の話を聞くようになった当初は、皆が皆、人の役に立ちたいと強く思っていて、正直驚いたものだ。「本気なのかな？」と疑問が湧くときもあった。だが、答はいつも同じだった。確かに驚くべきことではあるが、彼らは間違いなく「本気だ」。

触媒にとって、人の役に立ちたいという思いは、人を結びつける力を発揮するための燃料なのだ。ジョシュ・セージに、人の役に立ちたいという思いがなかったら、わざわざ全国を駆け巡って、人々を社会活動に引き入れたりはしなかっただろう。同じく、オーレン・ホフマンに人を助けたいという欲求がなかったら、ただ初対面の人との出会いを楽しんで、知人を増やすだけで終わっていただろう。彼が人と人とを引き合わせるのは、人の役に立ちたいという思いがあればこそだ。

触媒が人の役に立つかどうかを気にしなくなったら、どうなるだろうか。純粋に自分の利益のためだけに人間関係を取り結び、自身のネットワーク内の人々が自分に恩恵をもたらすことを目指すようになるだろう。だが、ネットワークが一方通行になったら、言い換えると、ネットワークが触媒を助けるためだけのものだとしたら、ネットワークはたちまち台無しになってしまう。「ホフマンは自分たちを利用しているだけだ」と思ったら、誰もホフマンの電話に出なくなる。人々がホフマンのネットワークに参加するのは、メンバーでいるとメリットが得られるからだ。

人の役に立ちたいという欲求は、単に触媒の繊細さを示すだけの特質ではない。それを欠くと触媒とは言えないほどの特質なのだ。

情熱

ジョシュ・セージがひとたび何事かに全力を傾け始めると、高い確率で成し遂げてしまう。標的をロックオンすると、後はぶれずに突き進む。セージがこの15年間追求してきた諸々の目標は、本質的には皆同じものだ。自身のイデオロギーに対する揺るぎない信念と、目標追求に注がれる無限のエネルギーが、セージを駆り立て、有能な触媒たらしめている。

触媒は鳴り響く太鼓のように、分権型組織を絶えず鼓舞している。分権型組織では指揮統制によってメンバーを動機づけることはできないため、力強い、現在進行形のイデオロギーが求められる。触媒は組織を作ったら、その後はずっとチアリーダーの役割を担う。ただし、微妙なバランス感覚も必要だ。チアリーダーの応援があまりにも元気すぎると、運動が「ジョシュ・セージ・ショー」と化してしまいかねない。

相手をありのままに受け入れる

情熱的であることと押しが強いことは別物だ。触媒は人を説得するのではなく、より繊細な技術を駆使する。それは、相手をありのままに受け入れるという方法だ。

たとえば、友人が仕事に不満があると言ってきたとしよう。友だち思いのあなたは話を聞き、おそらくはいくつか助言を与えるだろう。「上司には相談したの?」「転職は考えている?」「少し休暇でもとってみたら?」と。

しばらくしても友人の不満が続いているようだと、助言が次第に命令口調になってくる。「絶対に上司に相談すべきだよ」とか、「君にはぜひ、この仕事の面接に行ってほしいんだ」という具合に。著名な心理学者カール・ロジャーズは、このような専門家風の助言の与え方は、友人を助けたいという意図とは裏腹に、かえって逆効果だと警告している。相手の意見を強く押しつけられると、たいていの人は心を閉ざし、変化を拒むようになる。

ロジャーズは別のアプローチをとる。相談者に変わるよう助言するのではなく、相手の経験を受け入れるのだ。「お仕事に不満があるんですね。それはお辛いでしょう」。すると相談者は、たとえばこんな風に答える。「ええ、ひどいものです。職場に着いた途端に、あと何分で帰れるかと時間を逆算し始めるんです。それが退社時間までずっと続くんですから」

「『ああ、捕まってしまった』という感じなんでしょうね」

「まさにそうなんですよ」

相談者の話を傾聴し、相手の経験を受容していると、驚くべきことが起こる。相談者自身が解決策を見つけるのだ。「当たり前だけど、捕まってしまったという感じが嫌なんですよ。新しい仕事を探します」

人は話を聞いてもらえていると感じたとき、あるいは、理解され、支えてもらっていると感じたとき、変わろうという気持ちになりやすい。触媒は自分が解決策を練ったり、それを押しつけたりはしない。相手と対等な立場で、じっくりと話を聞く。相手が触媒についていくのは、そうしなければならないからではない。この人は自分を理解してくれている、そう思うからだ。

誰かが誰かにアドバイスを与えるとき、そこには自動的に権力のヒエラルキーが生まれる。アドバイスを与える側が、アドバイスを受ける側よりも上に立つのだ。すでに見てきたように、この種のヒエラルキーは、分権型組織にとって百害あって一利なしだ。触媒は、相手をありのままに受け入れ、強制的にならずに、相手の変化を引き起こすのだ。

感情的知性

話がだんだんと『ドクター・フィル』（訳注：心理学者フィル・マグローが司会を務めるトークショー）みたいになってきたと感じるとしたら、その原因は、触媒が感情的知性を最大限に活用する人々だからだ。われわれが出会った触媒は皆、知的能力に優れた人々であるが、どちらかと言えば感情によって人を導くタイプである。

デボラ・アルバレス＝ロドリゲスが権利擁護団体と具体的な戦略の話をしなかったのには、十分な理由がある。もしも基本的な細かい話から入っていたら、両者の感情的なつながりは生まれにくかっただろう。触媒にとっては、感情的なつながりが最重要だ。感情的なつながりが生まれて初めて、ようやくブレーンストーミングや、戦略についての話し合いができるようになる。

このタイプの感情的なつながりは、われわれが調べた分権型組織の大半で確認できた。クレイグズリストのメンバーは、お互いに会ったことがなくても、自分たちは同じコミュニティに属していると考えている。ＡＡのメンバーは、お互いが回復への道から逸れないよう、どんな苦労も厭わず助け合う。

触媒は感情的なつながりという糸によって、組織という織物を織り上げていく。デービッド・マーティンの提案に応じて、プロジェクトに従事するのを決めたメンバーは、彼を尊敬し、彼を信じているからこそ同意したのだ。デボラ・アルバレス＝ロドリゲスの元に予め電話を入れた活動家たちも、彼女に個人的な親しみとつながりを感じていたからこそ、そうしたのである。

信頼

相手をありのままに受け入れ、感情的なつながりができただけでは、まだ十分とは言えない。触媒はさらに、ネットワークを信頼していなければならない。上下関係のない組織では、誰が何を始めるのか予測がつかない。結果をコントロールすることはできないし、誰かが道から逸れたからといって咎めるわけにもいかない。唯一コントロールできるのは、メンバー同士が信頼を土台として、個人的な関係を築けているかどうかという点のみだ。

インスピレーション

真の触媒の役割は、単に人と人とを結びつけるだけではない。メンバーを鼓舞し、個人的な利益を伴わないことも多い目標に向かって、邁進させることだ。デボラ・アルバレス＝ロドリゲスと話をすると、グッドウィル社が世界一の会社だと思えてくる。ジョシュ・セージと話をすると、車を捨てて自転車に乗りたくなる。ジミー・ウェールズと話をすると、何時間もパソコンに向かい、ウィキペディアに寄稿したくなる。

ウィキペディア開設当初の寄稿者について考えてみよう。当時、ウィキペディアのコンセプトが正しいかどうかは、証明されていなかったし、サイトがこれほどまで劇的な成長を遂げるとは誰も予想していなかった。にもかかわらず、人々は自分の時間を割いてまで寄稿したのだ。ストックオプションが欲しくてそうしたのではない。皆で協力すれば、世界中の人の役に立つ百科事典ができるという大きな夢を信じていたからだ。

われわれが会った触媒たちには、こんな共通点もあった。それは、ロック・スター的なキャラクターではないという点だ。実際、ある触媒は厳しい口調でこう言った。「私をヒーローのように扱うのだけはやめてくれ。そんなんじゃないんだから」

曖昧さを許容する

触媒と話をしていて最もよく耳にするフレーズの1つが「わからない」だ。組織のメンバーは何人かと聞くと、「わからない」サーバー・ソフトウェアを管理しているのは誰かと聞くと、「わからない」万事この調子だ。

触媒がぼんやりしているわけではない。こうした質問には具体的な答が存在しないので、「わからない」と答えるのだ。触媒であるためには、曖昧さを相当に許容できなければならない。なぜなら、分権型組織は、秩序や構造を求める人なら、すぐにでも気が狂いかねないほど流動的なところだからだ。

例として、ジョシュ・セージの例を見てみよう。彼がRV車を駆って町から町へと移動しながらサークルを作っていたときのことだ。集会を開くと、ある日は10人しか集まらないが、翌日は１００人も集まる。参加者が熱気を帯びている日もあれば、何だかモヤモヤしている日もある。際立って優れたサークルもあれば、行き詰まったサークルもある。成果を測定する方法はないし、全員の行動を追跡する方法もない。「誰が」「何を」しているのかわからないし、「いつ」「どこで」となると余計にわからない。部外者の目には、途方もない混沌状態と映るかもしれない。

しかし、この曖昧さが、創造性とイノベーションの土台となる。ヒトデ型組織が生き延びるには、曖昧さが必要なのだ。誰かがやって来て秩序と構造をもたらしたら、なるほど測定や追跡は可能になるだろう。だが、そんなことをしたら途中でヒトデが死んでしまう。

干渉しない姿勢

触媒の備える特性の中で最も理解しがたく、信じがたいのは、メンバーの自由に任せ切ってしまう点だ。ジョシュ・セージがいつまでも活動家の様子を監視したり、ウィキペディアのジミー・ウェールズがボランティアに日報を書くよう求めたりしたら、メンバーはやる気を失い、組織の創造性は失われるだろう。指揮統制型の環境では一人ひとりの細かい行動まで追える。だが、常に見張られ、監視されている従業員がリスクをとったり、革新を起こしたりする可能性は低い。

その一方で、自己裁量に任されたヒトデ型組織のメンバーが触媒に不満を抱き、「いったい何をやればいいんですか」と詰め寄る場合もある。だが、まさにこの問いによって、メンバーは自らの責任を引き受け、組織全体に対するより高いレベルの所有者意識をもつようになるのだ。

退くこと

地図を描き、人と人とを結びつけ、信頼感を醸成し、メンバーを動機づけたら、次に触媒がやるのは何だろうか。答は「退くこと」である。

もし触媒が残り続けたら、彼ら自身が分権型組織の成長を阻む要因となってしまうだろう。アルバレス＝ロドリゲスは、自分が中心人物になってしまわないよう、サンフランシスコ市の職を辞した。セージは、自分が作ったサークルがさらに結束力を増すよう、町を去った。ホフマンは、自分が引き合わせた人々同士が人間関係を築けるよう、自分は身を引く。彼は、人々がリーダーシップを発揮し、互いの関係を深められるのは自分がいないときに限られる、と気づいているのだ。

触媒とCEOとの比較

触媒とCEOはいずれも指導者ではあるが、活用するツールがまったく異なっている。CEOはボスだ。全責任を負っており、ヒエラルキーのトップの位置を占める。触媒は周囲の人々と立場上の上下関係はなく、友人として関わる。CEOはピラミッドのトップに君臨し、指揮統制型のマネジメントを行う。一方、触媒は信頼関係を頼みとする。CEOは合理的でなければならない。なぜなら、CEOの仕事は株主に利益をもたらすことだからだ。一方、触媒は感情的知性を重んじる。なぜなら、触媒の仕事は個人的な関係を構築することだからだ。CEOは権力をもち、指示命令を発する、いわば組織の舵取り役である。触媒は人々を鼓舞し、人々と共に活動する。イデオロギーを説き、イデオロギーの実現のために共に働くよう促す。CEOは権力をもつが故に脚光を浴びる。触媒は注目が集まるのを避け、裏方を好む。CEOは組織に秩序と構造をもたらすが、触媒は曖昧で明らかに混沌とした状況で本領を発揮する。CEOの役割は利益を最大化することだが、触媒は通常、使命を優先する。

しかし、CEOと異なるからといって、触媒に組織内での居場所がないわけではない。トップダウン型のヒエラルキーや構造は触媒に圧迫感を覚えさせるかもしれないが、中に

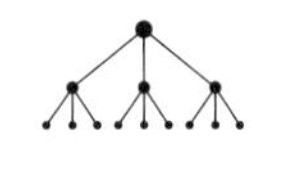

CEO	触媒
ボス	仲間
指揮統制	信頼
合理的	感情的知性
権力	インスピレーション
命令的	協働的
脚光を浴びる	舞台裏
秩序	曖昧さ
組織化する	つなげる

は触媒にお誂え向きの場面もある。新製品を宣伝する革新的な方法を考えたい、新しい市場に参入したい、会社を中心とするコミュニティを作りたい、従業員同士の関係を向上させたいといった場合は、何はさておき触媒を起用すべきだろう。

ここで再び、グッドウィル・インダストリーズのデボラ・アルバレス＝ロドリゲスの例を見ておこう。彼女が入社した頃の同社は、士気が低下し、利益も落ち込み、従業員の福利厚生費も片っ端から削られていた。会社に足を踏み入れた瞬間から、彼女は大規模な改革に取り組んだ。「ある程度の混乱をもたらす必要があると思いました」と彼女は言う。役員会も、管理職層も、一般従業員も、皆ビクビクしていた。「そこまで徹底的に変える必要があるのですか」とある役員が尋ねた。彼女は「ええ、ありますとも」と答えた。「それまでは典型的なヒエラルキー型の組織でした。人々を会話に引き入れ、もっと革新的で創造的になれる組織に変える必要がありました。優れたアイデアは、そのアイデアを心に抱いている人からしか得られません。権力をもつ立場の人間は、そのことを理解すべきなのです」

彼女は会社のあらゆる階層から12人ほどのメンバーを集めて組織横断型チームを作り、ブレーンストーミングを行った。最終決定権は経営陣にあるものの、サークルから提案された案件の95パーセントが採用された。彼女の試みはすぐに奏功した。彼女がもち込んだ混乱のおかげで組織の分権化が進むとともに、従業員をしっかりと経営に巻き込むことができたのだ。収入も利益も伸びた。

この種のリーダーシップが、どんな状況でも理想的とは言えない。触媒は波風を立てずにはおかない。変革を起こすのは得意だが、伝統を守るのは苦手だ。触媒が力を発揮するのは、根本的な変革と創造的な考え方が求められるような状況においてだ。彼らは革新をもたらすが、同時にある程度の混乱や曖昧さも引き起こす。触媒を構造のしっかりした環境に閉じ込めると、窒息しかねない。しかし、夢を見させてやれば、大いに活躍する。

第6章 分権型組織との対決

ロング・ホール・インフォショップは一風変わった本屋だ。カリフォルニア州バークレーの本屋の中でもひときわ異彩を放っている。１９９５年12月のある夜、この店の奥の部屋に15人が座っていた。グループは多種多様な人々の集まりだった。20代の学生が数人、イギリス人が2人、パンクロッカーも数人、そして、こんな場所よりも「タッパーウェア」(訳注：タッパーウェア・ブランズ・コーポレーションが製造するプラスチック容器）の訪問販売パーティの方がよほどお似合いではないかと思える女性が１人。彼らは１人ずつ自己紹介をしていった。それぞれバックグラウンドの異なる15人が、同じ活動に情熱を燃やしていた。それは動物の権利を守ることだった。

今こそ活動を始めるときだ――スカイと名乗った人物がそう告げた。彼は、自分が何をしようとしているのかを、はっきり自覚していた。身長１８０センチ、こぎれいにカットした金髪に、清潔な青いフランネルのシャツという装いのスカイは、大学生だと言っても、木こりだと言っても、自然保護区のガイドだと言っても、いずれも通用しそうだ。スカイは数日前、列車でバークレー入りしていた。ただし、客車ではなく貨物列車だったが。スタート地点はオレゴン州の南部だった。そこの操車場で列車に飛び乗り、その後は列車を数回乗り換えたり、途中下車して友人を訪ねたりしながら、ここまで１週間弱の旅であった。

ロング・ホールのミーティングに参加した人々の注目を浴びながら、スカイはくたびれたテーブルの上に1枚の地形図を広げ、皆に読み方を教え始めた。また、方位磁石を使ったコンパス・ナビゲーションの基本とエア・ホーン（空気警音器）の使い方も指導した。いずれもハンティングを妨害するのに必要な道具だ。狩猟シーズンに公有地に行き、野生動物が撃たれるのを防ごうというのである。活動家たちは明るいオレンジ色のジャケットに身を包み、ハンターが獲物を見つけるまで後を追っていく。そして、ハンターが撃とうとする瞬間にエア・ホーンをけたたましく鳴らし、餌食になる寸前の動物を逃がすという作戦だ。

「タッパーウェア」がお似合いの女性は、だんだんと不安になってきた。「相手はハンターでしょう？　銃でこっちを狙ってきたら、どうするの？」。スカイは平然としていた。「そうならないようにオレンジ色のジャケットを着るんだよ。絶対に僕たちを撃ってこないから。そんなことしたら殺人だからね」。女性は恐怖心を完全には払拭できなかったらしく、不安そうな面持ちでスカイの言葉を反芻していた。誰にも苗字を明かさないスカイは、新しい町を訪れるたびに繰り返されるこうした場面に慣れっこになっていた。世の中には、狩猟妨害という活動にすんなり馴染む人もいれば、そうでない人もいる。だが、スカイは否定的なことや、人のやる気を削ぐようなことはいっさい言わない。彼は、グループを独り立ちさせるのが自分の役割だと考えていた。やがてメンバーたちは、誰が適任で

誰が適任でないか、そして、グループとしてどのような行動をとるかを自力で考えられるようになるはずだ。

スカイは、いろいろな意味で、労働組合のオルグのようだ。と同時に、触媒の模範のような存在でもある。バークレーのような進歩的な町を訪れては、地元の動物愛護活動家と連絡を取る。動物愛護活動家を探し出すのは、さほど難しくない。大学のある町なら、動物愛護団体が少なくとも1つはある。動物愛護活動家のコミュニティは小さく、メンバー同士も親密なので、それぞれの町のリーダー格は互いのことをよく知っている。たとえば、スカイが誰かに「バークレーに行ったら、マイク・ジェンキンスを訪ねるといいよ。いろいろ情報をもっているはずだから」と言われたとしよう。バークレーに到着したスカイはジェンキンスに連絡を入れ、知り合いになる。そして、ジェンキンスはいい奴で信頼が置けると思ったら、こんな質問を始める。「直接行動をどう思う?」。あるいは、「CDの経験はある?」（CDはcivil disobedienceの略で、「市民的不服従」行動のこと。たとえば、建物の入り口を封鎖する、など）。さらに、ジェンキンスは脈がありそうだと踏めば、他にこの話に興味を示しそうな人間がいないかと尋ねる。

スカイはジェンキンスの協力を得て、今ロング・ホール・インフォショップで行っているように、活動家の見習いとも言うべき人々を集めるのである。この活動は、より大きな戦略の一部にすぎない。スカイは町から町へと渡り歩き、個々の活動家を結びつける。このようにしてネットワークを築き、彼らが共同で活動できるようにする。その結果、小さなサークルが全国に生まれ、さまざまな形で狩猟妨害活動が展開されるようになる。これらのサークルは動物愛護のための直接行動に携わっているという意味で、事実上、動物解放戦線（ＡＬＦ：Animal Liberation Front）の一部となっている。ちなみにＡＬＦは、欧米最大の分権型組織の1つに数えられる。

ＡＬＦは1980年代前半に、このロング・ホールのグループのようなサークルから始まった。メンバーは研究所に侵入し、籠から動物を逃がしてやった。彼らは地下鉄道（訳注：19世紀前半、アメリカ南部の奴隷を亡命させるために作られた秘密結社）の現代版よろしく、逃がした動物たちの新しい飼い主も見つけた。世界中の活動家がこの侵入事件に触発され、独自のやり方で市民的不服従行動をとるようになった。研究所への不法侵入は、宝石泥棒のような刺激的で魅力的な側面と、ロビン・フッド物語のような勧善懲悪的な側面を併せもっていた。

研究所側では、最初自分たちの身に何が起こったのかわからなかった。一般市民が——必ずしもＡＬＦの不法行為を容認しているわけではないが——研究施設のドアの向こうで何が行われているかを知りショックを受けようとは、予想もしていなかっただろう。たとえば、侵入した活動家たちが黒い忍者の衣装をまとい、火傷の実験で傷ついたビーグル犬に優しく寄り添った写真を公表したことがあった。また、一見したところ健康そうな霊長類の頭を、研究者が何度も殴りつけている内部ビデオも公開された。そこには、実験後、脳に損傷を受けたこの動物を、研究者たちが繰り返しからかっている様子も映っていた。こうしたむごたらしい写真やビデオが一般の人々の見方を変えた。最初の強烈なイメージが薄れた頃、活動家の手で研究施設が丸ごと焼かれるという事件が起きると、研究所側も反撃に転じた。このような違法行為は許されない。そう彼らは主張した。

ＦＢＩが捜査に乗り出したが、アパッチ族を攻撃したスペイン軍同様、うまくいかなかった。ＡＬＦは、ＦＢＩがそれまで捜査対象としてきた相手とあまりにも違っていた。ＦＢＩはＡＬＦの頭を切り落とせなかった。というのも、ヒトデと同じで、そもそも頭がないからだ。ＡＬＦはスカイのような触媒が旗振り役を務める、サークルのゆるやかな集合体なのだ。サークル同士は非公式な形で協力し合うが、各サークルが何をやるかは、それぞれ自由に決めている。他のサークルの成功事例に触発され、自分たちの活動内容を決める場合も多かった。

イングリッド・ニューカークは、動物の倫理的扱いを求める人々の会（ＰＥＴＡ：People for the Ethical Treatment of Animals）の創始者だ。彼女が一般向けに書いた本の内容は、まるで映画『ミッション：インポッシブル』のようだ。ヴァレリーという名の活動家のエピソード――活動を始めたきっかけ、サークルに加わった方法、さらには研究所に侵入したやり方まで――が年代記風にまとめられている。イデオロギーが明確に示され、ＡＬＦの活動家になるための手引きが、ステップ・バイ・ステップ方式で解説されている。同じように他のサークルも、直接行動の起こし方（サークルを作る、研究所の内実を知る人間と友だちになる、現地を偵察する、マスコミ対応計画を練る、等々）を解説した同人誌を発行するようになった。

そもそも最初から、ＦＢＩに勝ち目はなかった。確かに、捜査官がサークルに潜入し、活動家を逮捕したり、有罪にもち込んだりしたケースもある。だが、有罪となった活動家が英雄視され、かえってＡＬＦに参加したがる活動家を増やしてしまった。研究所サイドも、ＡＬＦがそう簡単に活動をやめそうもないと観念した。そして、ＡＴ＆Ｔやレコード会社と同じように、彼らも本腰を入れて対抗することにした。研究所を地下要塞に変えたのだ。カリフォルニア大学バークレー校のキャンパスを訪れると、その北西の角に広大な緑の芝地が広がっている。晴れた日に学生がフリスビーで遊ぶにはもってこいの場所だ。だが、よく見ると、たくさんの防犯カメラと地下に通じるコンクリートの階段があるのがわかる。階段を下りると、そこは巨大な地下壕のような研究所だ。実験のための動物が何万匹も飼われている。かつて、バークレー校の研究所はキャンパス中に分散しており、ＡＬＦの攻撃に対してあまりにも無防備だった。大学はより厳密に入退出管理を行い、警備体制を強化するため、研究所を1カ所にまとめたのだった。研究所は通常訪問客を受け入れておらず、建物内に入ることさえ禁じている。どうしても入りたければ、警備員を振り切り、分厚い金属製のドアを押し開け、防弾ガラス入りの窓を突破するしかない。

すでにアパッチ族やＰ２Ｐサービス会社の事例で見たように、分散型組織が攻撃されると、より一層分散化が進む。逆もまた真なりで、クモ型組織はこれと正反対だ。これを分権に関する第8の原則としてまとめておこう。

第8の法則

中央集権型組織は、攻撃されると、より一層集権化する傾向にある。

本腰を入れすぎるあまり、意固地になってしまうのだ。動物実験を行う研究所は本腰を入れて成功したが、ビジネスの世界では果たしてどうだろうか。さらに言えば、国レベルでそうなったときは？

それぞれのイデオロギーはまったく異なるものの、アルカイダとＡＬＦは構造的に驚くほどよく似ている。同様に、９・11同時多発テロに対するアメリカ政府の反応は、研究所の反応に似ている。

そもそもＡＬＦは、組織と言うよりもイデオロギーそのものと言える。本質的には、動物のために行動を起こす人は**すべて**動物愛護の活動家であり、ＡＬＦのメンバーなのである。同じように、アルカイダも、完全にイデオロギーに拠った組織だ。ＡＬＦは、動物も敬意をもって扱われるべきだという信念に支えられている。これに対し、アルカイダのイデオロギーは、西欧人がイスラム文明の根幹を脅かしつつあるという不安によって強化されている。そのイデオロギーのルーツを辿ると、キリスト教とイスラム教という2つの文化が衝突した、はるか昔の十字軍の時代にまで遡る。

スカイは活動家のイデオロギーを直接行動へと導いた。同じように、ウサマ・ビンラディンという触媒は、拡張する西欧文明とアフガニスタン侵攻に対する激しい怒りをテロ活動へと導いている。

アルカイダのサークルには、ロング・ホールの一団と多くの共通点がある。どちらも一般人に頼っているが、この一般人がサークルや下部組織としてまとまると、計り知れない力を発揮する。研究所への侵入が成功すると、それがさらに別の研究所への侵入を誘発したように、アルカイダのテロ活動も世界各地で同様のテロを引き起こしている。かつて

ＡＡがそうだったように、アルカイダもスペイン、サウジアラビア、イギリス、ヨルダンといった国々へと急速に広まっている。各地のテロ行為は、アルカイダ本部が一つひとつ計画するわけではない。イデオロギーに共感した各地のメンバーが、過去に成功したやり方を真似て実行しているのだ。正式に認められたわけではない多くのグループが、アルカイダのブランドを借り、アルカイダを名乗っているのである。

われわれはケニアで、今述べたサークルの増殖ぶりを目の当たりにした。ナイロビの繁華街から少しはずれたところに、キベラというアフリカで最悪のスラムがある。われわれは、50代後半の温厚な男性、ジョセフの案内で、舗装されていない道を歩いていた。そこは、およそ2・5平方キロメートルに100万人もの人が密集して暮らす土地で、水道も電気も下水道もない。道は泥まみれで（と言うか、「きっとこれは泥なんだ」と自分たちに言い聞かせただけだが）、至るところにゴミが散乱していた。キベラの生活環境は厳しく、平均寿命は38歳——しかも年々低下している。スラムの典型的な家は2・7メートル四方のブリキの掘っ立て小屋で、そこに8人から10人がすし詰め状態で暮らしている。「居間」と呼べば呼べそうな場所と、いわゆる「寝室」とを隔てているのは、たいていビリビリに破れたシーツだ。われわれは何軒かで中に入れてもらったが、本当に何もない暮らしというのがどういうものか、生まれて初めて思い知らされた気がした。

キベラの人々は、われわれのような物質的な快適さには恵まれていないが、われわれの生活がどのようなものか――高級車や大きな家、ファーストフードなど――については少しずつ情報が入り始めている。住民の一部にはこうした快適さを求める声もあるが、一方では、西欧文化の侵入により伝統的な生活様式が変わりつつある、と憤る者もいる。キベラのようなスラムでは、そうした憤りがひときわ激しく、人々が過激な手段に訴えることもある。スラムに住んでいれば、一般的な意味での軍隊は作れないが、サークルなら始められる。ガイドのジョセフが、戸口に座ってタバコを吸っている中年男性のグループをそっと指さしながら、「ごらんなさい。あの路地が見えますか。あそこにアルカイダの下部組織があるんですよ」と言ったときの、われわれの驚愕ぶりを想像してほしい。

アルカイダは、すでにキベラにまで手を伸ばしていた。サークル同士は携帯電話やメールで連絡が取れる。キベラのグループはカブールやミュンヘン、あるいはニューヨークのグループと簡単かつ定期的に連絡を取り合えるのだ。

アルカイダの攻撃に対して、アメリカ政府は頑なな姿勢を強め、より権限を中央に集中させた。アメリカ合衆国のルーツが極めて分権型のシステムであったのを思うと、これは大きな変化だ。合衆国建国の父と呼ばれる人々は、権力を分散させる重要性に気づいていた。そのため合衆国憲法は、2つのヒトデ型の原則に基づいている。1つは、国家権力を

3つの機関に担わせる三権分立制をとり、それぞれの機関に自律性と独立性を認めている点。2つ目は、憲法が意図的に連邦政府の力を制限し、かなりの権限を各州に付与している点だ。

だが時が経つにつれて、連邦政府は次第に大きくなり、中央集権化の度合いを増していった。中央集権化には利点もある。政府はこれまでに、中央銀行や通貨システム、貧困者救済の福祉制度、資源保護のための環境保護局（EPA）、高齢者のための社会保障制度などを導入してきた。中央集権化は徐々に進められていた。

そして、2001年9月11日の出来事が、集権化のスピードを一気に加速させた。敵に攻撃されたら、不退転の覚悟を固め、指揮統制スタイルでことに当たろうとするのは自然な反応だ。この観点からすれば、アメリカ合衆国国土安全保障省の設立は完全に筋が通っている。しかし、中央集権化を進めたことは、さまざまな意味で、デイブ・ギャリソンがフランス人投資家たちに屈した場面を彷彿とさせる。9・11同時多発テロの後、アメリカはアルカイダのリーダーを見つけ出そうと躍起になった。ちょうどフランス人投資家たちが、インターネットの社長が誰か知りたがったときのように。もちろん標的はウサマ・ビンラディンだ。アメリカ政府はその首に2500万ドルの懸賞金をかけた。

このような戦略をとったのには根拠がある。テレビドラマ『ザ・ソプラノズ　哀愁のマフィア』に登場する、マフィアのソプラノ・ファミリーの例で考えてみよう。ファミリーを取り仕切っているのはトニーと見ていい。彼が最も頭脳明晰で有能だからだ。トップのトニーが殺されたら、ファミリーは大急ぎで後継者探しを始めるに違いない。もしかすると、トニーほどは頭の切れが良くない従兄弟が、トップの座に就くかもしれない。この従兄弟が殺されたら、次のトップは従兄弟以上に能力の劣る人物となり、以後同じことの繰り返しとなる。犯罪組織を相手にするような場合なら、この戦略は完璧と言っていい。だが、ヒトデ型組織を相手に同じ作戦に出ると、やがて行き詰まる。ここまで見てきたあらゆるヒトデ型組織で学んだように、触媒を取り除いてもヒトデ型組織はピンピンしている。何か変化があるとしたら、むしろ元気になるだろう。触媒が殺されたら、その分の権限はサークルに移り、組織全体としては一層分権化が進むからだ。

しかしながら、アメリカ政府は触媒だけを追った訳ではない。サークルも標的にしていた。だが、このやり方は、触媒を取り除く場合と同様に効果がない。サークルを1つか2つ、いや場合によっては100個潰したところで、分権型組織はびくともしない。新しいサークルが雨後の筍のように次々と生まれてくる。アメリカ政府は、動物実験を行う研究所がALFに対して犯した過ちを繰り返しているだけだ。それだけではない。皮肉にも、FBIはアルカイダを追跡する一方で、ALFのメンバーに「国内テロリスト」のレッテルを貼り、改めて取締りを強化し始めた。FBIは大規模な監視活動を行い、大陪審を開き、活動家を逮捕した。こうした努力は、多少は成功を収めたと言えなくはないが、ＡＬＦは未だに健在である。

長い目で見たとき、より成果につながりそうな方法は他にある。ここまでのところで、分権型組織がさまざまな業界やセクターで大混乱を引き起こしてきた様子や、分権型組織に対抗するための戦略がことごとく失敗に終わったさまを見てきた。読者の中には、企業トップや政府高官たちも最終的には退却し、自分たちの負けを認めるだろう、と思う人がいるかもしれない。だが、ヒトデも無敵ではない。ここから、ヒトデの侵攻に対抗するための具体的な戦略を見ていこう。第1の戦略はケニアのスラムで、第2はアメリカ南西部の砂漠で、そして第3は中東で実施されたものである。

戦略1：イデオロギーを変える

1990年代の後半、オーストラリアのグレート・バリア・リーフはヒトデの大発生に悩まされていた。ヒトデが増えすぎて、サンゴが食い荒らされるようになったのだ。心配した多くのダイバーたちが、自分たちの手で何とかしようとＯＵＣＨ（訳注：the Order of

Underwater Coral Heroes　水中サンゴの英雄騎士団。略称は「痛い」「うわっ」という意味のouchにもかけている）というグループを結成した。メンバーはナイフをもって海に潜り、ヒトデを半分に切り裂いて駆除しようとした。

だが問題は――読者にはおわかりの通り――、半分に切り裂かれたヒトデがそれぞれ完全なヒトデになってしまうことだった。OUCHは問題を深刻化させているだけだったのだ。だが、1人の科学者が解決策を提案した。彼には、問題の真の原因は、水質汚染と水温上昇の2つだとわかっていた。したがって、サンゴを救うには、この2つの環境条件を改善するしかない。苦しい戦いになるだろうが、ヒトデと戦うにはこれしか道がなかった。

同じように、触媒を取り除くのは、せいぜい無駄な努力に過ぎず、サークルを標的にしても新しいサークルがすぐに生まれてくるとしたら、分権型組織に関して現実的な攻撃対象となり得るのはイデオロギーだけだ。

ここで、ケニアで何が起こっているかを紹介しておこう。貧困に覆い尽くされたキベラのスラムで、われわれは心を奮い立たせるような希望の光を見た。掃除用具入れほどの大きさの床屋で、自分の年齢よりも古そうな椅子に客を座らせ、誇らしげに髪を切る男性。仮設の屋外グリルで作ったフィッシュ・アンド・チップスを売る女性。7脚の折りたたみ椅子とテレビを改造したスクリーンという小さな映画館に、たむろする子どもたち。

これらの小規模ビジネス――床屋、グリル、映画館――を可能にしたのはジャミイ・ボラ・トラストだ。始まりは、国連の住宅関連部門の職員で、スウェーデン人のイングリッド・マンローが引退を決意したことだった。スラムの住民は、皆マンローを知っていたし、大好きだった。彼女がスラムの泥道を移動するのに使っていた古い角張った車にちなんで、住民からは「ボルボ・レディ」と呼ばれていた。その他に「ママ・イングリッド」というあだ名もあった。彼女はスラムに分け入り、相手が物乞いだろうと、孤児だろうと、犯罪者だろうとお構いなしで、住民たちを心から受け入れた数少ない西欧人の1人だった。

物乞い女性のグループが、ある日、ママ・イングリッドに尋ねた。「ママが引退したら、私たちどうすればいいの？　どうやって生きていけばいいの？」。マンローにはわかっていた。この女性たちが希望を見出すには、自らの力で貧困から抜け出すツールをもつ以外にないと。マンローは女性たちに、もし貯金を始めたら、貯めたお金の2倍のお金を貸すと言った。つまり、ある女性が10ケニア・シリング貯金したら、マンローが彼女に20ケニア・シリング貸すというのである。

女性たちは、メンバーが相互にローンの保証人になるサークルを作った。ケニアに貧困者向けの銀行が誕生した瞬間だ。かつて誰からも信用されたことのなかった人々が、信用を供与され、自分の力でより良い人生を切り開くチャンスを得たのだ。数人の物乞いの女性で始めたサークルは、その後10万人以上の会員を擁する組織に発展した。メンバーの1人、ジャネットが最初に借りたローンは、市場で売るジャガイモをようやく1つ仕入れられる程度の額だった。ジャガイモを売って得た利益を元手に、ジャネットは次のローンを借り入れ、ジャガイモを2つ買うことができた。本人いわく、人生最良の日は、ジャガイモ1袋分のお金を借りられたときだった。その彼女は今、卸でジャガイモを買えるまでになった。ジャガイモ1個からスタートし、小さいながらも商売を営めるようになった彼女は、徐々に貧困から抜け出しつつある。

時として、少額のローンが驚異的な成果をもたらす。ベアトリス・ンゲンドという女性は、同居する12人の孫を1人で育てていた。自分の子どもとその配偶者は全員エイズで亡くなった。彼女は思った。「この子たちを食べさせ、教育を受けさせてやるために、キベラの母親連中の倍は働かなくては」。彼女はローンで4つの商売を始め、いずれも成功した。4つとは、食料雑貨店、肉屋、食堂、自分で建てた石造りの下宿屋である。おかげで孫たちは学校に通えた。われわれが彼女に会ったとき、ちょうど一番上の孫が看護師の資格を得て卒業したところだった。

ジャミイ・ボラのもう1人のメンバー、ウィルソン・マイナは、カリスマ性を備えた、自分の笑顔で周りも笑顔にするような人物だ。マイナは古着の販売をしており、キベラの多くの人々の称賛の的となっている。だが、ほんの数年前までは、粗暴な犯罪者だった。ジャミイ・ボラのローンがなかったら、マイナのような人間は、テロリストの下部組織に真っ先に加わっていただろう。どのみち、失うものは何もないのだから。状況が変わったのは、ジャミイ・ボラの噂を聞き、驚いたことに、自分もメンバーとして迎えてもらえると知ったときだった。自分を見下すどころか、メンバーにならないかと誘ってくれる人がいるなんて、生まれて初めての経験だった。人が自分を信頼し、信用してくれたことに、彼は大いに驚き、心を動かされた。自分の人生を変えられたマイナは、若者たちが犯罪の道から抜け出せるよう、積極的に相談に乗っている。

ジャミイ・ボラは、ローンを貸し付けるたびに、スラムのイデオロギーを変えている。この組織が生み出す成果は、人道的側面に限られたものではない。ジャミイ・ボラは、アルカイダとの戦いにおける最大の秘密兵器なのである。何年もの間、スラムは何の希望ももてないような場所であり、テロリストたちは簡単にメンバーの補充ができた。「一緒に行こう、一矢報いてやろうじゃないか」。それがテロリストたちの勧誘の言葉だった。ジャミイ・ボラは、「人生に希望はない。テロリストの下部組織に入るのも悪くないだろう」というイデオロギーを「希望はある。自分で自分の人生を切り開ける」というイデオロギーに変えたのだった。

ケニアとは別の大陸にあるアフガニスタンでも、注目すべき組織が1人ずつ、そしてコミュニティごとにイデオロギーを変えつつある。その組織、フューチャー・ジェネレーションズは、単純だが重要な問いに答えようとしている。それは「どうすれば、コミュニティにすでにあるものを使って、コミュニティ支援ができるか」という問いだ。

この組織は、貧困化したコミュニティに生活必需品を送ったりはしない。その代わりに、触媒を送り込むのだ。たとえば、アフガニスタンのバーミヤン州には、アブドラという男性が派遣された。バーミヤンは、2001年に、タリバンが巨大石仏を破壊したことで知られる地域だ。アブドラはこの地で、**ポゲル**（クレイジー）**運動**というものを始めた。そして、「もっと世の中が良くなると信じられるほどポゲルな人は、ポゲル党に入ろう」と呼びかけた。

党員になるための会費は、日干しレンガ200個。党員が増えるにつれて、ポゲル運動のレンガも増えていく。「こんなにレンガを集めて、どうするんだろう」。人々は訝り始めた。

この問いには、はっきりした答があった。コミュニティを再建するのだ。元戦闘員たちが協力して働き、働くうちにお互いをよく知るようになった。ポゲル党は、外部からの資金や支援をいっさい受けずに、モスクを拠点とした読み書き教室を350カ所開設した。現在、1万人以上の女性と子どもが、この教室で学んでいる。その他にポゲル党は、地域の医療従事者育成プログラムや森林再生プロジェクト、干ばつ対策、灌漑用水路の建設などを手がけ、コミュニティの資金を活用してコンピュータと英語の教室も運営している。ジャミイ・ボラの会員と同じように、フューチャー・ジェネレーションズのコミュニティも自力で生活向上を図っている。いずれの組織も、ケニアやアフガニスタンの生活環境を改善することで、社会が抱くイデオロギーを徐々に変えようとしているのだ。同様に、「チヌーク外交」として知られる救援活動も、パキスタンやカシミール地方の人々のアメリカ観に大きな影響を及ぼしている。

2005年にカシミール地方で発生したパキスタン地震の数週間後、筆者（ロッド・ベックストローム）は同地を訪れた。イスラマバードの空港を車で出発した直後、大地を揺るがすような音が響いてきた。2機の巨大な輸送用ヘリコプター、チヌークが、頭上を飛んでいく音だった。狼狽する私の方を振り向いた笑顔の運転士が、爆音に負けまいと叫んだ。「ご覧なさい。素晴らしいでしょう。アメリカから来てくれたんですよ」。ホテルにチェックインして部屋に入ると、また同じ音が聞こえてきた。2機のチヌークが、人々が喉から手が出るほど待ち焦がれている救援物資を届けるため、山岳地帯に向かっていた。

チヌークは、一連の救援活動の中で最も人々の感情を揺さぶる経験となっている。タンデムローター（2つの回転翼）の回転音が何キロも先から聞こえ、ヘリが近づくにつれて振動が内臓にまで伝わってくる。やがて着陸すると、燃料の匂いがし、巻き起こる砂埃が口の中に入ってくる。人々にとって救援活動とは、このように見え、このように聞こえ、このような匂いのする経験なのである。

アメリカにとってこれ以上の外交使節団は望めなかっただろう。チヌークは、パキスタンとカシミールの何千万もの人々の心を鷲づかみにした。ここは昔から反米感情の強い地域である。だが、そんな人々も、さまざまな緊急救援物資を届けてくれるヘリの姿に、これまでとは異なるメッセージを読み取っていた。「アメリカ人はわれわれを心配してくれている。だから助けに来てくれた」

私（ベックストローム）にとって最も印象的だった出来事は、ムザファラバードとイスラマバードの間で渋滞に巻き込まれたときに起きた。山の肩越しに、またしてもチヌークが姿を現したときだった。車窓の脇に立っていた男の子が空を指さし、顔を輝かせてピョン跳びはねながら、父親に向かって何かを叫んでいた。長い鬚を生やし、伝統的なカシミールの衣装に身を包んだ父親は何も言わなかった。ただ、上空を見上げ、微笑んだだけだった。ヘリの騒音にもかかわらず、静けさに包まれた感じがした。この人々のイデオロギーも変わり始めているのだ。そう思った。

だが、イデオロギーを変えるのは容易ではない。社会心理学者にとっては常識だが、人のイデオロギーを変えるには、大勢で寄ってたかって説得しても最低1カ月はかかる。はっきり言って、人の世界観を一夜にして変えるのは無理だ。

ジャミイ・ボラやチヌークが、イデオロギーを少しずつ変えるのに成功しているのは、皮肉にも、両者の使命がイデオロギーを変えることではなく、人々を救うことだからだ。ジャミイ・ボラは、純粋に人々を助けたいという気持ちから設立され、人々の反応も好意的だった。変化のプロセスは少しずつ、そしてゆっくりと進行した。反対に、相手の頭を叩いて力尽くで変えようとしても、反発を食らうだけだ。相手に操られ、コントロールされていると感じると、人は防衛的になり心を閉ざしてしまうものだ。

これがまさに、スペイン軍がアパッチ族を無理矢理キリスト教に改宗させようとしたときに起きたことだ。自分たちのイデオロギーを守るためなら、アパッチ族は喜んですべてをなげうち、たとえ何世紀に及ぼうとも西洋文化に抗い続ける覚悟であった。今日、いくつかの業界が、この教訓を痛みとともに学んでいる。

映画業界がP2Pを利用した映画のダウンロードをやめさせようと、どのような手に出たか、最近の例を見てみよう。業界では、DVDの予告編によく差し挟まれている公共広告を制作した。その中の1つにMTVを真似た45秒のスポット広告がある。冒頭、カメラアングルを素早く切り替えながら、パソコンで映画をダウンロードするティーンエイジャーの姿が映し出され、以下次のように続く。

あなたは車を盗んだりしない

このフレーズがスクリーンに大写しになり、若者が停めてある車を盗むシーンが流れる。

あなたはハンドバッグを盗んだりしない

オープンテラスのカフェで男が女性のハンドバッグを盗むシーン。

あなたはテレビを盗んだりしない

窃盗団が裏通りからテレビを盗み出すシーン。

あなたは映画を盗んだりしない

男がＤＶＤを万引きするシーン。

海賊版映画をダウンロードするのは窃盗行為です

窃盗は法律に違反します

このＣＭが、すぐさま若者の間で定番のジョークになったのも当然だ。映画業界としてはクールでカッコイイＣＭを作ったつもりだった。だが、それが失敗に終わったのは、ファーストレディ時代のナンシー・レーガンが発案した「ジャスト・セイ・ノー(ただノーと言おう)」キャンペーンが、完全に失敗したのと同じ理由からだ。ティーンエイジャーの口ぶりを真似た大人が、「君たちのやっていることはクールじゃない」と語るメッセージほど、ティーンエイジャーに嫌がられるものはないのだ。

現代の若者の間に浸透しているイデオロギーは、こうだ。「なんで音楽や映画にお金を払う必要があるの？　ただでダウンロードできるのに」。映画業界はこのイデオロギーを、「(違法行為を)支援するな、通報しよう」とか「海賊版映画のダウンロードは違法です」といったダサいキャッチフレーズで変えようとしているのである。

ヒトデのイデオロギーを変えられれば、劇的な成果がもたらされる。したがって、イデオロギーを変えようという試みは、理論上は理にかなっている。だが、実践は難しい。ティーンエイジャーが「支援するな、通報しよう」と呪文のように唱え始める日など、いくら待ってもこないのだ。

戦略2：中央集権化する（牛作戦）

アパッチ族については、彼らがアメリカ南西部を支配していた頃で話がいったん途切れていた。その後の彼らを見ておこう。スペイン人はアパッチ族を支配しようとしたがうまくいかず、それに続いたメキシコ人も同じ轍を踏んでしまった。アメリカ人がこの地域の支配権を得たときも、やはりアパッチ族を支配することはできなかった。実際、アパッチ族は、20世紀に入ってもなお大いなる脅威として存在し続けた。だが、やがて潮目が変わり、アメリカ人が優勢に転じた。このときの経緯について、トム・ネビンズの説明を聞いたわれわれは、そんな簡単なことで、そんなに大きな効果が得られるのか、と開いた口が塞がらなかった。

ネビンズの話はこうだ。「実は、アパッチ族は1941年までアメリカ人にとって脅威だったのです。軍は20世紀のはじめまで、ホワイトマウンテン居留地に駐留していました」。では、なぜアパッチ族は、それほどまでに難攻不落だったのだろうか。ナンタンがいたからだ、とネビンズは言う。「アパッチ族は、他者の行動や振る舞いを見て、最も有能なリーダーだと思った人をナンタンとしてサポートするのです。しかも、新しいナンタンを決めるのに、あまり時間はかかりません」。次々と新しいナンタンが登場するので、ナンタアメリカ人もようやく「アパッチ族を支配するには、最も根本的な部分を攻撃しなければならないと悟りました。この方針は、アパッチの一部族であるナバホ族に対して最初に用いられ、その後、西アパッチ族と対した際に完成されたものです」。

アパッチ族の社会を崩壊させた方法は、こうだ。アメリカ人はナンタンに家畜用の牛を贈ったのである。何とも単純な話だ。ひとたび畜牛という希少な資源を手にすると、ナンタンのもつ権限は象徴的なものから物質的なものへと変質した。かつては模範を示して人々を導いていたのが、部族民に牛を与えたり、与えなかったりすることで、報奨したり、罰したりするようになった。

牛がすべてを変えてしまった。ナンタンが権威としての力を獲得すると、ナンタン同士が新しくできた部族評議会の議席を争うようになり、「インターネットの社長」志願者のように振る舞い出した。部族民も、より多くの資源を求めてナンタンに陳情するようになり、配分量が希望を下回ると気分を害するようになった。かつては上下関係がなくフラットだった権力構造はヒエラルキーに変わり、トップに権限が集中した。これでアパッチ社会は崩れた。この点について、ネビンズはこんな考えをもっている。「現在のアパッチ族には中央政府的な機関がありますが、個人的には不幸なことだと思います。種族間で資源を巡るゼロサム的な争いが生じていますから」。権力構造がより厳格化したため、アパッチ族はアステカ族のような集団となり、アメリカ人の支配を許す結果となった。

それから約1世紀後、ニューヨーク市のＡＡで、似たようなパターンの出来事が起こった。ＡＡの創始者ビル・ウィルソンが、自身の支配権を放棄し、多数のサークルの自治を認めるという重要な決断を下したことは、覚えているだろうか。ウィルソンとＡＡのメンバーは、自分たちの体験談と、ＡＡがいかに自分たちを救ったかという話をまとめて本にした。ＡＡという組織のイデオロギーを活き活きとした形で語り継ぐのが目的だ。読めばＡＡのミーティングで発表者の話を聞くのと同じ効果が得られる、そんな本にしたい。それがウィルソンの望みだった。

出版に際しても、すべてを手放すという姿勢は貫かれた。ウィルソンと共著者たちは、「ビッグブック」という愛称のついた本書の売上を、全額アルコホーリクス・アノニマス・ワールド・サービスに提供することに合意していた。アルコホーリクス・アノニマス・ワールド・サービスは、世界中のＡＡ支部を支援するために設立された非営利団体である。

ウィルソンがビッグブックの初版を出した時点では、売上は大した額ではなかった。当時は、まだ１００人ほどしかメンバーがいない時代だ。おそらく、入ってきたお金でミーティング用の椅子を購入したり、チラシを印刷したりといった使い道を想像していたものと思われる。だが、その後ＡＡは、支部数が10万を超える大組織へと発展する。ビッグブックはその後何年もの間、ものすごい勢いで売れ続け、最新の集計では累計発行部数が

２２００万部に達している。本は予想外に売れ、莫大な利益がもたらされた。そして、それが全額アルコホーリクス・アノニマス・ワールド・サービスに渡った。

ＡＡにとって本の売上は、アパッチ族の牛と同じだった。ビッグブックから利益がもたらされるにつれ、そのお金で運用する予定だったちっぽけな非営利団体は、まるで風船のように膨らみ、巨大な金持ち組織に変貌した。余分なお金をいったい何に使おうか？悩んだアルコホーリクス・アノニマス・ワールド・サービス（訳注：以下、「ワールド・サービス」）は、数百万ドルを投じて複数の事務所を改築することにした。これを知ったＡＡの一部のメンバーは、不満を訴えた。ワールド・サービスの役員たちは、自ら宣言してモンテスマ王になったようなものだ。だが、ＡＡのメンバーのほとんどは、本部など知ったことではないというスタンスだ。結局のところ、この組織の価値を体現しているのは、それぞれのサークルなのだから。

ＡＡのメンバーの一部がビッグブックを各国語に翻訳し、無料で配布し始めると、本部は断固とした姿勢でこれに対処し、メンバーを訴えさえした。ＭＧＭと同じように、自身の知的所有権を守るために、法廷に赴く決意をしたのだ。だがこれは、各支部のもつ自律性と革新性を損なう行為であった。こうしてワールド・サービスは、ＡＡを少しずつ中央集権化に向かわせたのである。

アパッチ族の出来事とＡＡの出来事の核心をなすのは、権力の集中化という事態である。牛であろうと印税であろうと、人間はいったん財産を所有する権利を獲得すると、自己の利益を守るため、すぐさま中央集権型のシステムを求め始める。銀行は中央集権型であってほしいと思うのは、このためだ。他ならぬ自分の財産となれば、きちんと管理し、仕組みを整え、報告してほしいと誰もが思うものだ。

所有権という考え方が頭をよぎるようになった途端、すべてが変わる。ヒトデ型組織がクモ型組織に姿を変えるのだ。組織を本気で中央集権化させたければ、触媒に所有権を付与した上で、「あなたがいいと思うやり方で資源を分配するように」と言えばいい。所有権を行使する力を得た触媒はＣＥＯに変身し、サークルは互いに競い合うようになる。

ウィキペディアが利益を上げすぎるのは危険だというのは、こういう理由からだ。皮肉なことに、ウィキペディアのシステムがうまく機能しているのは、資金が不足しているからであり、関わる人のほとんどがボランティアだからだ。もし、誰もが就きたいと思うような高給のポジションができたら、縄張り争いが起こり、ヒエラルキー構造が生まれるかもしれない。権力が集中すれば、ウィキペディアは中央集権型の組織になり、協力的な風土は失われるだろう。同じく、バーニングマンがＶＩＰ優待チケットなるものを発行し、ハイグレードなキャンプ場を使用できる特典や、列に並ぶ必要のない割り込み特典などをつけたら、参加者はもはや平等ではなくなってしまう。

しかし、イーミュールのように徹底的に分権化が進み、所有権を付与する対象がいないような組織の場合はどうなのだろうか。レコード会社各社が、ナップスターやカザー、イードンキーが違法行為をやめたくなるような金銭的インセンティブを導入していれば、あのような雪崩現象は食い止められたかもしれない。だが、雪崩が御しがたいほどの勢いを得てしまった今、レコード会社には、第3の戦略をとる以外道は残されていない。

戦略3：自ら分権型になる

（勝てないのなら……仲間に入れ）

ここまで見てきた2つの戦略は、分権型システムの力や効果性を変えたり、削いだりするのを狙ったものであった。イデオロギーを変えれば、組織の基本的なDNAを変えられる。権限を集中させればヒエラルキーが生まれ、組織は中央集権的となり、支配しやすくなる。

第3の戦略は、分権型組織は極めて弾力性に富み、内部構造に影響を及ぼすのは難しいという認識から導かれる。すなわち、相手に勝てないのなら、相手の仲間に入れ、という戦略だ。ヒトデ型組織の最強の敵は別のヒトデ型組織ということはよくある。

ここで、ケニアのスラムと、われわれを案内してくれたジョセフを思い出してほしい。ジョセフはなぜ、路地裏の家にいたグループがアルカイダの下部組織だと知っていたのだろうか。ジョセフ自身はアルカイダのメンバーではなかったが、スラムの住民だ。近所の状況——誰と誰が友だちで、どのグループがどこで何をしているか——は把握できている。1935年にハリケーンがフロリダキーズを襲ったときのシーランのように、ジョセフも質の高い情報を得る術を心得ていた。

もしジョセフに、ケニアのスラムで活動するアルカイダの下部組織に対処する権限を与えたらどうだろう。彼にリソースを与え、どんな手を使っても構わないので問題を解決するよう命じたら？　ジョセフはアルカイダのサークルと戦うためのサークルを作り、2つのサークルは決着がつくまで戦い続けるだろう。これは単なる理論上の話ではない。あるイスラム教国は実際にこの方法を実践しているのだ。安全上の理由であまり立ち入ったことは言えないが、ポイントだけを紹介しておこう。

数年前、あるイスラム教国で優秀なビジネスマン、マムード（仮名）に出会った。われわれは彼とアルカイダの話をし、アルカイダはヒトデ型組織だと思うと意見を述べた。続いて、こちらの真意を理解してもらえるよう、こう尋ねた。「アルカイダの下部組織がいくつあるか、ご存知ですか」

「知りません」

「あえて予想してみると、どうですか？」

「本当に、予想でもできればいいんですがね。我が国の政府も以前から把握しようとしているのですが、未だにわからないんですから」。彼の話だと、政府の努力が足りないわけではないらしい。これまでにも多額の予算を組み、多くのリソースを投じて、アルカイダを研究し、戦おうとしてきた。マムードは苛立っていた。これだけ金をかけがんばってもいるのに、まったくの無駄骨に終わったからだ。政府はテロリストの脅威を少しも取り除けていない。それどころか、脅威は日ごとに強まっている。


マムードと話をして複雑な気持ちになった。アルカイダについての仮説が正しいとわかったのは嬉しかった。ただ、その一方で、アルカイダとどのように戦っていけばよいのか誰にもわからないと聞くと、気が滅入りそうだった。確かに、アルカイダ信奉者のイデオロギーを変えようと試み、いつの日かそれが功を奏するのを期待することはできるだろう。それに、政府がアルカイダを中央集権化し、支配する方法を見出す可能性もなきにしもあらずだ（ちなみに、西側の各国政府のやり方はこの逆だ。テロ組織のリーダーを狙い、立て続けにさまざまな手を打ったため、アルカイダの分権化は一層進んでしまった）。だが、いずれも長期的な戦略だ。

2年後、マムードから意外な情報がもたらされた。

「『テロリスト集団』とヒトデの話をしたのを覚えていますよね」と彼は言った。

「もちろん」

「解決策を見つけました」

マムードの国の政府が、アルカイダと戦う小規模のサークルを作ったのだ。メンバーは、日中は警察官をしている者や元軍事専門家などで、襲撃作戦の訓練を十分に積んでいる。彼らは、夜になると出かけて、アルカイダの下部組織を探す。政府は彼らに武器を渡すだけで、あまり細かいことは聞かないようにしている。各サークルのメンバーは、他にいくつサークルがあるか知らないし、誰がメンバーかも知らない。一方、テロ集団の側は、自分たちが誰に襲撃されたのか見当もつかない。

人権擁護団体は、秘密裏に行われる虐殺に政府が資金を提供している、と抗議するかもしれない。こうしたサークルを作る政治的、あるいは道徳的な意味合いについてはこれ以上立ち入らないが、1つだけはっきりしていることがある。マムードの話によると、この作戦に要したコストは他の作戦の100分の1にすぎないにもかかわらず、政府のこれまでの対策の中では最も効果を上げた作戦だという。マムードは言う。「私たち自身、信じられない気持ちです。これで効果があるんですから。自分たちのコミュニティで何が起きているか、メンバーが熟知しているからこそ、できるのでしょう。彼らは誰がテロリストか知っています。どこに住んでいるかも知っています。そして……」。彼はこう言いながら微笑んだ。「捕獲の仕方も心得ていますからね」

レコード会社も、当初は、この戦略の変形版とも言える作戦を試みた。P2Pネットワーク上に、楽曲や映画の、空のファイルや破損したファイルを大量にアップしたのだ。ネットワーク上にゴミのようなファイルが溢れれば、時間をかけてまでダウンロードする価値はない——誰もがそう思うと踏んだのだ。だが、またしても、レコード会社の作戦は裏目に出る。ユーザーは、時々破損したファイルを掴まされるぐらい、何とも思わなかった。ファイル交換なんてそういうものだ、と納得していたからだ。

さらにユーザーは、レコード会社がゴミの大量投棄のような暴挙に出るなら、こちらもどんどんファイル交換して、痛い目にあわせてやろうと考えた。レコード会社は、音楽の流通チャネルは変わり、決して元には戻れないと認めるべきだったのかもしれない。あるいは、楽曲は無料で提供し、好きなだけファイル交換もさせて、そのうち自分たちのところに戻ってくるのを待つという奇策も考えられる。その場合、利益は楽曲に付随する周辺部分——ライブ・コンサート、関連グッズ、企業スポンサーなど——からもたらされるだろう。

だが、重要なのは、大局的見地から見ることだ。分権化革命とも言うべき現在、古い戦略は通用しない。会社や企業は、ヒトデの攻撃をうまくかわすための新たな方法を見出す必要がある。この後見るように、中央集権型と分権型の両方からいいとこ取りをしたやり方が、最も効果を発揮する場合もあるのだ。ここではそれをレストランのメニュー風に「コンボ・スペシャル」と呼ぶことにしよう。

第7章 コンボ・スペシャル：ハイブリッド型組織

スーツを割引価格で買いたい人にとって、世界最高の場所の1つがイークラス229だ。ニューヨークで出版社とのミーティングが予定されていたわれわれは、お揃いのエルメネジルド・ゼニアのスーツを購入することにした。少々悪趣味だったかもしれないが、ミーティングの場でチームの結束力を示したかったのだ。そこで、イークラス229のサイトを訪れ、特売品をあれこれ見てみた。どうしても、定価で買う気になれなかったのだ。

オンラインストア、イークラス229のサイトには、手作り感がある。ロゴの特徴は、1980年代はじめのコンピュータ・フォントが使われている点だ。トップ・デザイナーの手になるロゴを複製した低解像度画像が数枚、すべて異なる大きさで重なり合うように配されている。インターネット時代が訪れる前、スーツを買うには馴染みの仕立屋か大型デパートに行くしかなかった。値段もイークラス229で買うよりも高かっただろうが、本物の質の高いスーツを買ったという安心感はあった。イークラス229の特売品は、かつての時代であれば眉唾物としか思えないほど安い。ニューヨークのタイムズスクエアの角に立つ男から、ロレックスの腕時計を買うような感覚だ。

だが、イークラス229は、ロレックスの売人とは全然違う。そこには壮麗さと美がある。その理由を理解するために、再び1995年に戻ろう。1995年は、デイブ・ギャリソンがフランス人投資家たちと会った年であり、クレイグズリストが創設された年でもある。また、ネットスケープが株式公開した年であり、さらには、オンセールという名の新しい会社が、まもなく一世を風靡しようとしていた年でもある。有力ベンチャーキャピタルの出資を受けたオンセールは、オンラインオークション会社の走りであった。資金は十分あったし、修理済みコンピュータを初期のインターネットユーザー相手に競売にかけるという、卓越したビジネスモデルもあった。オンラインオークションの問題と言えば、もちろん、現物を見もせず一面識もない売り手から物を買うという点だ。中古のラップトップ・コンピュータに数百ドル払うとしたら、売り手が信用できるかどうか知りたくなるのが人情だ。だからこそオンセールは、ラップトップの仕入れ先を厳選し、商品に保証までつけた。

コンピュータ上で格安品を購入できると喜んだユーザーが大勢集まり、オンセールの株価は急騰した。ところが、ここに、ピエール・オミダイアというコンピュータのプログラマーが登場する。彼のフィアンセは、コレクションとして集めているペッツ・ディスペンサー（訳注：ペパーミント風味のキャンディ、ペッツを詰める容器。上部にさまざまなキャラクターの頭がついている）を売っている店を探していたのだが、どこにも見つからなかった。ナップスターを開発したショーン・ファニングと同じで、オミダイアも、自分の行動がやがてすさまじい反響を巻き起こすとも知らずに、フィアンセの不満を解消しようとしていた。はじめは「オークション・ウェブ」と呼ばれていたサービスは、すぐに「イーベイ」と改称されたが、一見するとオンセールによく似ていた。だが、オンセールにはない、当時としては過激とも言える特徴を備えていた。ユーザー同士が直接取引できるようにしたのだ。イーベイは在庫管理も仲介もしない。考えてみれば、ペッツ・ディスペンサーに返金保証など不要なのだ。

まさに触媒らしく、オミダイアは信頼に基づくネットワークを構築した。イーベイはスタート時から、「私たちは、人は基本的に善良であると信じます。私たちは、すべての人が何らかの貢献ができると信じます。私たちは、正直で開かれた環境が、人の最善の部分を引き出すと信じます」と宣言していた。イーベイは新しい扉を開いた。違法なものでない限り、誰でもどんなものでも売れるとあって、ペッツ・ディスペンサーからラップトップ・コンピュータ、さらには珍しいアンティークまで、膨大な数の品物が出品されるようになった。ユーザーが群がり、イーベイはたちまちマーケットリーダーとなった。

「信頼」は、サイトの印象を良くするための、単なる宣伝キャンペーン用の言葉ではない。イーベイの設立当初から、信頼は社員全員に浸透していた。今日でもなお、社員が戦略に関わる意思決定を下す際には、人間は基本的に善良であり、信頼できるという前提で行う決まりになっている。

信頼こそ命だ。そのことを、オミダイアはよく理解している。ユーザーがお互いを信頼し続けられるよう、オミダイアはサイトに、単純だが極めて重要な工夫を施した。そしてその工夫が、イーベイが市場で生き延びるカギとなった。その工夫とは、ユーザー評価システムだ。買い手と売り手が相互に、「良い」「悪い」「どちらとも言えない」という評価をつけ、その結果をサイト上で公開する。イーベイはコミュニティに権限を委譲することで、サイトの治安維持という重責をユーザーに委ねたのだ。その結果、知識と権限がネットワーク中に分散された。買い手は、評価の高い売り手からしか買いたがらないので、売り手は誠実で信頼に値する態度を維持しようと努力する。ハーバード大学の研究者によると、「良い」――「悪い」という評価は、実際の成約価格に影響を与えているという。「良い」という評価が定着した売り手の品物は、評価が定着していない売り手が出品した、まったく同じ品物よりも、8・1パーセント高値で取引されていた。

ここで登場するのがイークラス229だ。サイトの見かけはそれほどでもないが、イーベイでの同社の評価は、「良い」が5000以上、「悪い」がゼロとなっている。この評価を見たので、われわれもイークラス229を信頼できた。実際、1週間後に、完璧な状態のスーツが届いた。念のため仕立屋に見てもらったところ、本物のゼニアだと太鼓判を押してもらったので、2人ともそれを着てミーティングに臨んだ(誰も気づいてくれなかったようだが)。

イークラス229を支えているのは評判だけだ。同社は、金のかかるブランド戦略やマーケティングに資金を投じるのではなく、もっぱら品質と信頼性の高さをアピールしようとしている。イークラス229と同じように、何万もの店が実店舗を閉じ、イーベイ上にオンラインストアを出店して成功を収めている。

イーベイは、ユーザー同士が取引する場を提供し、分権的なユーザー評価システムに依存しているが、会社自体はヒトデ型組織ではない。MGMと同じで、CEOや本社、ヒエラルキーがあり、明確な構造をもっている。サンノゼの本社を訪ねると、不定形のネットワークのようなものは見当たらない。そこにあるのは、敷地面積約19万4000平方メートル、延べ床面積約18万5000平方メートルの広大なオフィススペースだ。

前章までは、分権型と中央集権型という、権限の集中度が両極端の組織を見てきた。イーベイは、両者の性質を併せもつ、コンボ・スペシャルだ。イーベイは純粋なヒトデ型組織でも、純粋なクモ型組織でもない、ハイブリッド型とでも呼ぶべき組織である。イーベイのような会社は、分権型組織のボトムアップ型アプローチと、中央集権型組織の構造、管理体制、利益創出力を併せもつ、いいとこ取り組織なのだ。ハイブリッド型組織には2種類ある。イーベイはそのうちの、カスタマー・エクスペリエンス（顧客体験）を分権化させた中央集権型企業である。

ハイブリッド型アプローチはイーベイを成功に導いたが、同時にある種の緊張状態も生み出した。人々は、ユーザー評価に関しては互いを信頼しているが、その他の点に関しては、指揮統制型組織にしかできない予防策を求めている。何千もの好意的評価がついているのを見て、われわれは、イークラス229なら本物のゼニアを送ってくれると安心して信じられた。だからといって、自分たちの個人口座にイークラス229を直接アクセスさせるのは、愚かなことだろう。

その意味で、イーベイがペイパルを買収したのは、中央集権化を図る上で賢明かつ必要な動きだった。ペイパルを利用すれば、信頼できる仲介者を通じて、ユーザー間で送金できるようになる。イーベイの子会社となったペイパルは、厳格な管理と安全性の高い処理を基本としている。銀行業務となると、イーミュール型のモデルではうまくいかない。ペイパルは、ユーザーの口座情報を漏らしたりはしない。こうした領域においては、安全性と構造と説明責任が求められるのである。

だが、ペイパルの買収は、組織文化の衝突を引き起こした。イーベイは信頼を基盤とする組織だ。だが、あるペイパル社員は言う。「ペイパルの社員に、人は基本的に善良だなんて言ったら、面と向かって笑われますよ。ペテン師を嫌というほど見てきましたから」。イーベイは信頼をうたい上げる一方で、ペイパルを通じて安全性を保障している。このことは、ペイパルの広告の文言によく示されている。そこでは、まず大きな文字で「さあ、お買い物しましょう」とあり、その後に小さな字で「ご安心ください。金融情報は共有されません」と付け加えてある。

それでもやはり、イーベイの競争優位性は、その分権型システムに根ざしたものと言える。当時のインターネット業界における2大企業、ヤフーとアマゾンが、イーベイのオークションに触発され、「うちでもやってみようじゃないか」となったとき、何が起こったかを見てみよう。

表面的には、イーベイの仕組みはどこも複雑なところがなく、独自性も感じられないため、十分真似できそうに見える。ユーザーがサイトに出品できる仕組みや入札を管理するシステムは備えているが、それ以外の部分は基本的にユーザー任せだ。

ヤフーとアマゾンも独自のオークション・サイトを開発し、似たようなサービスの提供を始めた。それだけでなく、両サイトとも出品手数料を廃止した。手数料がかからない分、利益が増えるので、売り手は自分たちの新しいサービスに移ってくる。そう彼らは考えたのだ。だが、意外にも、そうはならなかった。

イーベイが中央集権的だったら、ヤフーとアマゾンの戦略も成功していた確率は高い。手数料がかかるか、かからないか以外はまったく同一のサービス内容だとしたら、どちらを選ぶかは考えなくてもわかる。売り手がイーベイに留まった理由、そして、イーベイが優位性を保てた理由は、イークラス229や、ハーバード大学の研究結果を見るとわかる。

一言で言えば、評判がすべてということだ。イークラス229でスーツを買うのは、手の込んだマーケティング戦略のせいでもなければ、サイトの見栄えがするからでもない。5000人ものユーザーが薦めているからだ。買い手は、売り手の評価実績がわからないサイトに乗り換えようとは思わない。引き続きイーベイを利用する方を選ぶのだ。同様に、高評価が定着している売り手は、よそへ行って一から再スタートするよりは、イーベイに留まった方が明らかにメリットがある。たとえば、高評価のおかげで通常よりも高いプレミアム価格をつけても、ちゃんと物が売れる。また、売り手は、そもそも買い手が集まっているサイトに留まりたいと思うはずだ。

さらにイーベイは、いわゆる「ネットワーク効果」の恩恵も受けている。たとえば、世の中に電話機が1台しかなかったとしよう。1台しかないのであれば、その電話機はほとんど価値がない。そもそも、誰に電話をかけるというのか？　だが、電話機が2台になれば、それぞれの価値は劇的に向上する。電話機が1台増えるごとに、電話システム全体の価値が増す。

同じように、イーベイというネットワークの価値は、ユーザー評価が新たに加わるごとに増していく。ユーザー評価がたった1つしかなければ誰の役にも立たないが、何百万ものユーザーがつけた何百万もの評価には計り知れない価値がある。ネットワークが拡大するにつれて、より利便性が増し、顧客が留まる可能性も高くなる。新しいテクノロジーが登場すると（電話業界で言えばスカイプが登場したとき）、いずれはユーザーの移動が起こるかもしれない。しかし、今のところ、イーベイのユーザー評価システムを超えるテクノロジーが考案されたという話は聞かない。それ故、買い手も売り手もイーベイに留まっているる。イーベイこそが彼らの活動拠点であり、信頼できる買い手と売り手のネットワークだからだ。

ここまでのところで、分権型のユーザー評価システムこそが、イーベイの最大の競争優位性であることが明らかになった。ハイブリッド方式でことに当たるイーベイのせいで、ライバル会社は自社サイトに買い手を惹きつけられなかった。

アマゾンは、オークションではイーベイの牙城を崩せなかったものの、書籍やCD、DVDなどの分権型小売市場においてはシェアを獲得している。こうした低価格商品の場合、表示価格の安さが重要になる。アマゾンは、自社が出品する商品と他の売り手が出品した商品を、同じサイト上に並べて掲載している。イーベイと同じく、アマゾンもハイブリッド型の組織だ。ほとんどの中央集権型組織がそうであるように、アマゾンにもCEOがいて、本社や倉庫がある。と同時に興味深い分権型の特徴も備えている。

アマゾンのサイト上のほぼすべての本には、専門家（たとえば『パブリッシャーズ・ウィークリー』誌）によるレビューと、ユーザーが投稿したレビューの両方が掲載されている。このレビューというのが、実に興味深い。先日、筆者がジャレド・ダイアモンドの『文明崩壊　滅亡と存続の命運を分けるもの』をアマゾンで買おうとした際、無意識のうちに専門家のレビューは飛ばして、一般読者のレビューに目を通していた。さまざまなエピソードを交えたレビューは大いに信頼できる。ただし、専門家のレビューよりも正確だからとか、うまく書けているからという理由で信頼しているのではない。こちらの方が、何というか、親しみやすく、近づきやすいように感じるのだ。カスタマーレビューを読んでいると、お気に入りの本について、ご近所さんと話をしているような気がしてくる。

一例として、「jpgm」ことJ・P・G・コックスというレビュアーを紹介しておきたい。われわれはjpgmという公開名のレビュアーが誰なのか知らなかった。本名も、年齢も、職業も、性別さえもわからなかった。それにもかかわらず、われわれはダイアモンドの本についてのjpgmの意見を大いに信頼していた（jpgmのレーティングは星5つの満点。「必読書」とコメントしていた）。彼もしくは彼女のコメントは真正なもの――底意なく正直に自分の意見を述べたもの――と感じられた。

アマゾンは、あるカスタマーレビューを役に立ったと感じるユーザーが何人いるのか、記録をとっている。それによると、その時点で350人中295人が、jpgmのレビューは役に立ったと言っていた。われわれがjpgmの意見を有効と見なした理由はただ1つ、他の多くのユーザーがそれを有効と見なし、しかも重要と評価していたからだ。言い換えると、他の人々が信頼していたから、われわれもjpgmを信頼したのだ。

ところで、jpgmはアマゾンに20以上のレビューを書いている。このことをjpgmの視点から考えてみよう。この人物は、これだけの数のレビューを、自分に1セントの報酬も支払ってくれない大企業のために書いている。それどころか、アマゾンは投稿されたレビューの知的所有権を保持しており、しかも、レビュー投稿に関わるテクノロジーに関して特許を取得している。さらに、サービスの根本をユーザー評価システムに大きく依存するイーベイと異なり、アマゾンの場合、レビューは素晴らしいものには違いないが、それなしで成り立たないものでもない。したがって、レビュアーはアマゾンの評価システムを維持し、それによって自分も利益を得ようとして投稿するわけではない。実際、人々にレビュー投稿を促すような要因は存在しないようにも見える。

ではなぜ、レビュアーはこつこつと投稿するのだろうか。アマゾンのCEOを助けるためでないことは間違いない。また、著者たちを支援するためでもないだろう（多くの著者は、アマゾンのレビュアーの影響力を認識し、定期的に新刊を送っているが）。さらに、アマゾンのベストレビュアーに選ばれて、少しばかり有名人気分を味わうためでもない。jpgmがレビューを書く理由は、ウィキペディアのユーザーが記事を編集するのと同じだ。誰もが何らかの貢献をしたいと思っているからであり、誰もが何かしら貢献できるものをもっているからだ。

一方、アマゾンの方は、レビュアーたちの気前の良い行為を、ありがたく利用させてもらっている。コミュニティを求める人々の欲求をうまく活用し、それをレビュアーたちの分権型ネットワークという形で結実させたのだ。

これと同じコミュニティを求める欲求が、3人の子どもの母親で、ウィスコンシン大学マディソン校でスピーチライターを務めていたジャクリーン・ミチャードを、突如として有名人に変えた。ある夜、ミチャードは息子を誘拐された母親の夢を見た。そして、何気なく友人にその夢の話をした。友人は作家で、ミチャードの話に魅了され、夢の話を本にするよう勧めた。「本を書くって、私が？」とミチャードは訝った。だが、この物語を人に伝えたいという抑えがたい気持ちも、どこかにあった。この夢をもとに彼女が書いた小説、それが『青く深く沈んで』である。

ミチャードにとって、自分の本が書店に並んでいるだけでも驚きだった。売れ行きの方も、まあまあというところだった――『オプラ・ウィンリー・ショー』の司会者、オプラ・ウィンフリーが連絡してくるまでは。当時ウィンフリーは、今ではすっかり有名になったブッククラブを立ち上げるところだった。ミチャードはウィンフリーから、『青く深く沈んで』がブッククラブで取り上げる最初の本であり、ブッククラブ構想がうまくいかなかった場合は最後の本にもなる、と言われた。

ブッククラブの元々の狙いは、番組の視聴者に優れた小説を紹介し、実際に読んでもらうことだった。ウィンフリーは視聴者に、小さなサークルを作って集まり、優れた本を読んだ感想を共有し、共に考え、議論するよう呼びかけた。ウィンフリーが推薦した本は、間違いなく売上を伸ばした。何と言っても彼女は、メディアの歴史上最も称賛され、最も影響力ある人物なのだ。だが、ミチャードの本の桁外れの売れ方は、ウィンフリーの推薦があったから、という理由だけでは説明できない部分がある。ブッククラブという、すぐに強大な力を発揮するようになったサークルが、ウィンフリーの推薦図書に人々を殺到させたのだ。ブッククラブのメンバーは『青く深く沈んで』を大量に買いまくった。ぎりぎり売れている程度だったミチャードの小説は、推薦からわずか3週間で、『ニューヨーク・タイムズ』紙のベストセラー・ランキングのトップに躍り出た。

その後数年間、ブッククラブは拡大し、ウィンフリーは多くの本を推薦した。ブッククラブで取り上げられれば、売上急上昇は間違いなしだった。ウィンフリーは、自分でも気づかぬうちに、出版業界で最も影響力のある人物となった。彼女自身は本の売上からいっさい見返りを得ていない。ただ、触媒として読者のネットワークを生み出し、予想外の力を発揮する分権型コミュニティを創出したのである。ウィンフリーがもつ制作会社は中央集権型だが、彼女の番組の方には分権的な要素が加えられている。

ここまで紹介したのはすべて、組織が顧客に役割を与えることで、分権的な要素がもたらされた例である。イーベイはサイトの秩序を維持する役割をユーザーに委ねた。アマゾンは、学識や教養のレベルにかかわらず、すべての読者に本をレビューするよう働きかけた。そして、オプラ・ウィンフリーが作った視聴者のサークルは、出版業界で最も注目を集める潜在顧客グループとなった。

スコット・クックは、こうしたハイブリッド企業の成功を目の当たりにして、あるアイデアを思いついた。クックは、クイッケンやターボタックスなどの金融ソフトウェアのメーカー、イントゥイットの創業者であり会長である。ウィキペディアを知り、また、アマゾンのレビューに興味を惹かれ始めたクックは、多くの人々が貢献し、助け合いたいと思っている様子に心を動かされた。彼はまた、自社の顧客である会計士たちが、クイッケンを使ったさまざまな処理の仕方を巡って、電子掲示板に質問を投稿しているのにも気づいていた。質問にはすぐさま、ハイレベルの見事な回答が寄せられる。実際、ユーザーからの回答には、たいへん出来が良く、公式の技術サポート資料に加えられたものもある。また、クイッケンの次のバージョンで、機能として組み込まれたものもあった。

こうしたユーザー同士の分権型の交流を促進するため、イントゥイットは2005年にタックスオールマナック・ドット・オーグという、税金関係専門の、ウィキペディアに似たサイトを立ち上げた。サイトには「私たちには1つわかったことがあります。コミュニティのメンバーは互いに交流したいと思っているのです」という言葉が掲げられている。実際、ウィキの技術を使ったこの新しいサイトに、すでに8000を超える記事が投稿されている。テーマは「牧師への報酬と住宅手当」の記録の仕方から、アメリカ合衆国内国歳入庁に提出する申請書8508の記入法まで多岐にわたる。サイトは驚くほどウィキペディアに似ており、誰でも記事を編集できる。

興味深いことに、イントゥイットは、サイトを自社のブランディングのために利用してはいない。サイトを隅々まで読んでも、イントゥイットがタックスオールマナック・ドット・オーグの運営者であると確認するのは難しい。また、イントゥイット製であれ、他社製であれ、製品の宣伝もない。サイトは、コミュニティを築くためのものなのだ。ブランドが前面に出すぎると、販売促進の一環と受け止めたユーザーが敬遠する恐れもある。「これには、何か裏があるのでしょうか」。イントゥイットは、ユーザーからそう聞かれる前に、自分の方からこんな問いかけをしている。「裏はありません。イントゥイットは、税金のプロが集まるコミュニティは、どんな個人よりも賢いと確信しています。コミュニティに集うプロ全員の知識を集めれば、数人の専門家を集めるよりも、はるかに大きな力を発揮します。私たちは、さまざまな立場、さまざまな職場で税金のプロとして活躍する皆さんの、知識と見識を共有する場がもてて嬉しく思っています。これまで私たちを積極的に支援してくださった会計関係者の皆さんへのお返しとして、本サイトを支援して参ります」

イントゥイットはユーザー同士が助け合う場を提供しているが、グーグルやＩＢＭ、サン・マイクロシステムズ（訳注：以下「サン」）は、さらにもう一歩踏み込み、実際の製品作りに顧客を参加させている。

グーグルのアーキテクチャー（基本設計概念）の根本にあるのは、「ユーザーからのインプットに基づく」という姿勢である。グーグルの検索アルゴリズムは、何十億というサイトをスキャンし、人々が役に立つと評価したサイトを検索結果として表示する仕組みになっている。サイトが「役に立つ」かどうかは、他のサイトからの被リンク数、トラフィック量、グーグルの検索結果画面上でそのページへのリンクがクリックされた回数で決まる。要するに、グーグル検索は、人気コンテストのようなものだ。あるテーマに関して最も人気の高いサイトを探し出しているのだ。

グーグルの特徴は他にもある。たとえば、グーグルのニュース・サイトには、ニュース記事の重要性を比較検討する編集者が１人もいない。グーグル・ニュースは、アクセス数の多い記事へのリンクを表示しているにすぎない。要するに、グーグル・ニュースは、他の人がどの記事を重要と思ったかがわかるサイトなのだ。ユーザーが記事をクリックするたびに、その記事の重要性は増していく。グーグルは、コミュニティからのインプットがすべてというサイトであり、ユーザーが増えれば、その分グーグルの正確性も増す。

企業によっては、分権化は成功するためのカギに留まらず、生き残るためのカギでもある。音楽業界同様、ソフトウェア業界でも、ヒトデ型組織は大きな混乱を巻き起こしている。訴訟好きなレコード会社と違い、サンやＩＢＭは、分権化の波に乗る革新的な方法を見出した。ＩＢＭは、マイクロソフト・ウィンドウズと競合するオープンソースのＯＳ、リナックスが、勢いを増しつつあるのに気がついていた。そして、市場に新規参入してきたリナックスと競争するのではなく、むしろ支援することにした。ＩＢＭは、リナックス専任のエンジニアを６００人配置するとともに、アパッチやファイヤーフォックス（マイクロソフトのインターネット・エクスプローラーと競合するオープンソースのブラウザー）の開発も積極的に支援するようになった。

ＩＢＭの戦略は、ある意味で「敵の敵は友」という価値観の表れと言える。つまり、「このソフトが自社のライバル、マイクロソフトに打撃を与えているのなら加勢しよう」というわけだ。だが、ライバルの邪魔をすることだけが目的ではない。ＩＢＭは、オープンソフトが最終的には勝ちを収めると見ている。経営資源を投じて競合製品を開発してもいいが、結局のところ勝ち目はなさそうだ。オープンソース化の勢いは、誰にも止められない。

ＩＢＭは競合するＯＳを自社で開発する代わりに、リナックスの開発を支援した。そして、リナックスに対応したハードウェアやソフトウェアを開発し、販売した。つまりＩＢＭは、地球規模で協働する何千人ものオープンソース・エンジニアの技術を、いっさいコストをかけずに活用しているのだ。

世界の主要テクノロジー企業の間で、突如として、協力し合う文化が広がり始めている。サンの会長、スコット・マクニーリは「私たちはコミュニティを作り、共有し合っている」と誇らしげに語ったが、いったい彼は何に触発されたのだろうか。マクニーリは騙されやすい人間などではないし、サンも株主に対して説明責任を負っている。それにもかかわらずサンは、かつて市場を独占し、毎年1億ドルを売り上げていたサーバー・ソフトウェアを、オープンソース化した。

マクニーリは博愛主義者なのかもしれないが、ソフトウェアの無料公開は経済的な必要性に基づく判断でもあった。なぜなら、業界全体が様変わりしてしまったからだ。ある会社が分権型のオープンソース・ソフトウェアを市場投入したら最後、競合会社は同じやり方をとる以外、生き残る術がないのだ。レコード会社とイーミュールのケースと同じく、分権型の勢力が現れた途端に、業界全体が変わり始めた。

ＩＢＭと同様、サンもソフトウェアを売るのは諦め、付随的なサービスやハードウェアで稼ぐことにした。ソフトウェアの価格が急激にゼロに向かう中、有力企業は利益につながる新たな道を模索しているところだ。

ソフトウェア業界では、分権化が進むにつれて、まったく新しい論理が支配的になってきた。事情を知らない人の目には、『不思議の国のアリス』の世界が現実化したように映るかもしれない。各社が、競い合うようにソフトウェアを無料提供するなど、誰も想像できなかった光景だ。

もっと奇妙な現象も起こっている。マクニーリによると、ＩＢＭとサンは、同じオープンソースのプラットフォームに基づく、似たようなソフトウェアを提供している。「どちらかでうまくいかない場合は、もう一社の製品と取り替えればいいんですよ」

いや、ちょっと待ってほしい。もう一度、今の発言を確認しよう。マクニーリは、顧客がサンのソフトウェアから他社製品に切り替えられることを売りにしているのか？　サンは、顧客に半永久的に自社製品を使い続けてほしくはないのか？　確かに、かつてはそう願っていた。だが、オープンソース運動が業界を混乱状態に陥れた。無料のオープンソースの中から好きなものを選べるのであれば、顧客はソフトウェア会社を自由に切り替えられる。

　顧客をつなぎ止めておけなくなったサンは、仏教的なアプローチに頼るしかなくなった。それは、冷蔵庫用のマグネットに書かれた、次のような金言に似たアプローチだ。「相手を愛しているのであれば、解き放ってあげなさい。戻ってくれば、相手はあなたのもの。戻ってこなければ、そもそも縁のなかった人」。マクニーリは言う。「この数年、うちの製品のコストパフォーマンスに満足できない顧客には、気兼ねなく他社に乗り換えて結構です、と言ってきました。私たちが無理に引き止めなかったのを覚えている顧客が、今続々と戻ってきていると確信しています」

　今後もこの方向で進んでいくのだろうか。業界の分権化が進むにつれて、各社はかつて考えられなかったほどの自由を顧客に与えていくのだろうか。1つ確かなことがある。IBMとサンがハイブリッド型の道を選んだのは、分権化が強まる一方の業界で競争力を維持するには、これしか方法がなかったからだ。多くの場合、コンボ・スペシャルは、単なる優れた選択肢の1つではなく、生き残りのために絶対に選ばなければならない方策なのである。

　グーグル、サン、IBMは顧客に役割を与え、イントゥイット、オプラ・ウィンフリー、アマゾンは発言の場を提供した。しかし、中央集権型の組織が分権化のメリットを享受する方法は他にもある。ハイブリッド型組織の第2タイプとも言うべきもので、中央集権型企業が事業の内部構造を分権化するというパターンだ。このタイプの企業にはCEOがいて、ある程度のヒエラルキーが存在するが、同時にヒトデ的なDNAも確認できる。

両者の違いは見落とされやすい。社内の奥深いところまで分け入らなければ、違いが明らかにならない場合もある。たとえば、ゼネラル・エレクトリック（GE）と分権化は、図書館司書とNASCAR（訳注：全米自動車競争協会が統括する自動車レース）のドライバーぐらい、かけ離れているように見える。一見したところ、GEはイーミュールにない部分だけで、でき上がった組織のようだ。

GEのカリスマ的指導者であったジャック・ウェルチがトップに就任したとき、同社は極度に中央集権化された官僚的な組織で、人間で言えば、病院で精密検査が必要な状態にあった。ウェルチの功績について書かれた本がすでに多数出ているが、彼の天才的能力を最もよく示す事例は、あの巨大組織を分権化したことである。彼はGEをいくつかの事業部門に分け、それぞれを独立した会社のように運営させた。損益計算書も事業部門ごとに作成させた。各事業部門は完全に独立しているため、たとえばA事業部門がB事業部門の商品を買う場合、市場価格で購入しなければならない。最初は馬鹿げたやり方に思われた。会社をわざわざ細分化してどうするのか？　なぜ、部門間の距離を広げるようなことをするのか？　なぜ、大企業ならではの強みを消そうとするのか？

だが、ウェルチのこのやり方がＧＥに恩恵をもたらした。各事業部門が責任を負い、非効率的な部分を切り捨てたからだ。全社共通の事業ルールはこうだ。市場で1位か2位になれなければ撤退すること。そして、高い投資利益率をあげること。どちらかのルールに抵触した事業部門は売却された。ウェルチの方法は、各事業部門にきちんと利益を出させながら、それぞれの事業部門長にかなりの柔軟性と独立性を認めるものである。計画は功を奏し、ＧＥの市場価値は急速に高まっていった。１９８１年には１２０億ドルだった時価総額は、25年後には３７５０億ドルとなった。


分権化は確かに利益を向上させる。この点については、シリコンバレーのベンチャーキャピタリストで、世界で最も成功したベンチャーキャピタルの1つ、ドレイパー・フィッシャー・ジャーベットソン（ＤＦＪ）のティム・ドレイパーに聞いてみるといい。ドレイパーはウェブ・メールサービスのホットメールに関わったときに、ネットワークの可能性を痛感したという。

伝統的なベンチャーキャピタルのあり方は城にたとえられる。城では御前会議の出席者が一堂に会し、外部の人間は、しかるべき人物とのコネでもない限り近づくことすら難しい。実際、多くのベンチャーキャピタルは、信頼できる筋からの紹介でもなければ、起業家の事業計画書に一瞥もくれない。出資を求める案件の多さを考えれば、当然のやり方だ。有望な案件をいくつか見逃す可能性はあるが、数を絞らなければ、あまりの提案の多さに押し潰されてしまうだろう。

ドレイパーは、このモデルを逆さまにした。1つか2つのオフィスに権限を集中させるのをやめ、全米19カ所、海外23カ所の拠点に合計71人のパートナーを配するという、ベンチャーキャピタル業界では異例の体制を敷いたのだ。広く網をかけ、それぞれの地域で各パートナーの個人的ネットワークを活かそうという狙いだ。たとえば、ウクライナのことに関しては、何千キロも離れたシリコンバレーのオフィスにいる人間よりも、地元ウクライナのパートナーの方が知識も情報も豊富にもっている。この幅広いネットワークのおかげで、DFJは多種多様な業界とつながりをもてた。「現在手がけているナノテク業界の案件は、ネットワークなしでは実現していなかったでしょう」とドレイパーは語っている。

DFJは、伝統的なベンチャーキャピタルが閉ざしてきた門を開き、寄せられるすべての事業計画書に目を通している。ドレイパーも、「どんな案件でも目を通します」と言っている。では、どんな案件を検討してきたのだろうか？　ネットワークに造詣の深いDFJが投資した案件の1つが、スカイプである。スカイプがイーベイに41億ドルで売却されたとき、DFJはスカイプの10パーセントを所有していた。

分権化という名のランプの精は、すでに外の世界に飛び出てしまった。ランプに蓋をするのも、時代遅れの武器で戦いを挑むのも、どちらも無駄な努力だ。だが、だからといって、すべての企業が降伏すべきだと言うわけではない。ハイブリッド型アプローチをとれば、分権型と中央集権型の両方からメリットが得られる。

分権化の恩恵にあずかるためには、必ずしも組織構造を徹底的に変える必要はない。一例として、ケース・ウエスタン・リザーブ大学ウェザーヘッド・スクール・オブ・マネジメントの教授、デービッド・クーパーライダーを紹介しよう。親しみやすく、人好きのするクーパーライダー教授は、理論と定量的調査を旨とするアカデミックな世界において、自分の研究論文に出てくる数字はページ番号だけだと冗談交じりに語る、実践家タイプの研究者である。

クーパーライダー教授は、問いを通じて個人や組織の価値を発見する「アプリシエイティブ・インクワイアリー(ＡＩ)」という手法の開発者だ。初めてこのコンセプトを聞いたときは、どこかべたついた印象を受け、あまり効果がないのではと思った。だが、教授としばらく一緒に過ごし、また、こちらの方がより重要だったのだが、実際にこの手法を取り入れた企業の事例を聞いて、彼の研究の真価がわかるようになった。

アプリシエイティブ・インクワイアリーは、その名が示す通り、人々が互いに意味のある質問をし合うという形で進められる。こう言うと、極めて単純に聞こえるが、その様子をよく観察していると、これが組織を分権化する方法であることに気づく。

進め方はこうだ。まず、クーパーライダー教授は、清掃作業員からCEOまで、社内のありとあらゆる階層から参加者を集める。次に参加者を2人1組のペアに分け、このペア内で相互インタビューを行う。インタビュー項目は、互いに本音を語りやすいよう、クーパーライダー教授が予め準備したものだ。そして、このインタビューを行う過程で、2人の間にあったヒエラルキー上の地位の違いが解消されていく。相手を部下や上司としてではなく、1人の人間として見るようになるのだ。

インタビュー終了後、参加者はいくつかのサークルに分かれ、夢を語り合ったり、ブレーンストーミングを行ったりする。たとえば、自分たちの思い描く組織のビジョンについて、たとえ「夢物語」としか思えなくても、気にせず語り合う。ブレーンストーミングでは、誰が考えたかにかかわらず、すべてのアイデアが受け入れられる。アプリシエイティブ・インクワイアリーは、ネットワークの周縁部にある情報を引き出し、活かそうとする試みである。職位の低い社員であっても、質の高いデータや優れたアイデアをもっている可能性はある。だが、アプリシエイティブ・インクワイアリーのようなプロセスがなかったら、彼らが直接CEOと会って、自分のアイデアを伝えるチャンスは、永遠に訪れなかっただろう。自分の話をしっかり聞いてもらえたと実感できるので、会社が新たな計画を打ち出しても前向きな気持ちで取り組める。これまでトップダウン式の命令を下すしかなかったのが、この手法のおかげで、全社員の支持を得ながら意思決定できるようになった。

アプリシエイティブ・インクワイアリーは、日頃から気持ちや考えをよく共有している、ウェットな会社にしか向かないのでは、という批判もあるだろう。だが、この手法は、世界最大規模の長距離輸送会社で労使間の対立を解消するのに用いられ、アメリカ海軍の戦略策定でも活用された。トラック運転手が、個人的な夢や希望、会社に対する思いまで語ってくれたとすれば、それだけでも導入した意味は大いにあったと言えるだろう。

分権的な要素を何らかの形で取り入れることで、イーベイからＩＢＭまで、さまざまな企業が競争力を維持してきた。だが、コンボ・スペシャルでやっていくためには、常にバランスをとり続ける必要がある。この後見るように、分権化できたからといって、いつまでも同じやり方が通用するわけではない。「スイートスポット」という何とも捉えどころのないものを、常に探究していかなければならないのである。

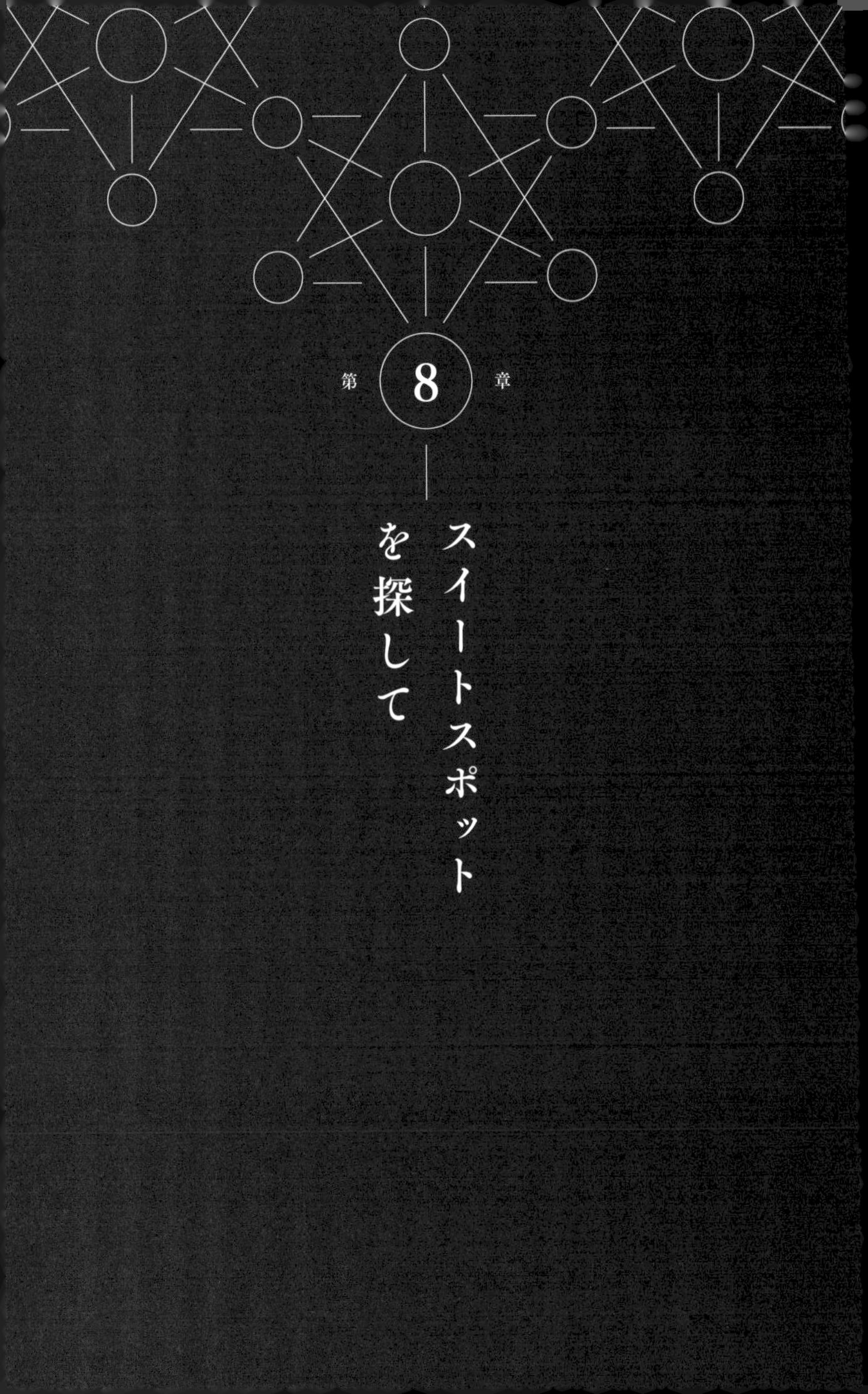

第8章 スイートスポットを探して

1943年、後にマネジメント界のレジェンドとなるピーター・ドラッカーは、ゼネラルモーターズ（GM）に招かれ、ある謎を解いてほしいと依頼された。当時のGMはアメリカで最大の規模を誇り、最も尊敬される企業の1つだった。ドラッカーは、その成功の背後にどんな秘密が潜んでいるのか、絶対に明らかにしてやろうと思った。もちろん、自分が解き明かした秘密が、その後何世代にもわたって産業界に影響を及ぼし続けようとは、このときのドラッカーは知る由もなかった。

ドラッカーは、自分の祖母ならこうやっただろうというやり方で、GMの調査を開始した。「祖母は心地好く親しみやすい声と昔ながらの礼儀正しさで、誰に対しても同じように接する人だった」。後年、このように自伝で述べている。祖母はドラッカーに大きな影響を与えた。波風を立てるのは気にしないが、その場合でも、丁重さや優しさは決して忘れなかった。ドラッカーも同じだった。感じの良い、几帳面な人間だったが、同時に、質問を投げかけ徹底的に深掘りするのを恐れなかった。

ドラッカーは知的好奇心が旺盛で、企業を理解する際のアプローチの仕方も独特だった。企業を研究する場合、企業の外にあるものに着目する研究者がほとんどだ。たとえば、どのようなマーケティングキャンペーンが効果的か、どのようなタイプのセールスマンが最も業績が高いか、という具合に。だが、この方法だと、一連の出来事の核心部分、すなわち、成否を分けるどのような出来事が社内で起こったのかを見落としてしまう。そして、この核心部分こそが、ドラッカーを捉えて放さなかったものなのだ。彼は、真の意味でビジネスを推進するものは何かを理解するため、マネジメントを研究した。ドラッカーと同じ世代の研究者にとって、マネジメントを研究するという発想は相当に違和感のあるものだった。マネジメントなど考えるまでもない。マネジャーが指示を出し、従業員が指示通りに働く。それだけだ。他の研究者が自明のことと見なしていたマネジメントだが、ドラッカーはそこに、人間の相互作用が織りなす複雑なものを読み取っていた。彼には不思議だった。権力構造が、政治環境が、情報の流れが、意思決定が、経営の自律性が、どのように企業の成功に寄与しているのかが。

ドラッカーにとって、研究対象となるＧＭは宝の山だった。当代随一の企業の内側に無制限のアクセスを許され、18カ月間、これ以上ないほど徹底的に調べ、理解を深めていった。彼は綿密で、忍耐強く、データと同じぐらい人間に興味があった。研究が終わる頃には、事実上事業のあらゆる側面を調べ、経営陣以上とは言わないまでも、彼らと同じぐらいＧＭを理解していた。何より重要なのは、ドラッカーがＧＭの成功の秘密を解き明かす、骨太の理論を打ち立てたことだ。

ドラッカーは、ＧＭ社内でとても好かれていた。観察力の鋭いドラッカーの質問は、

ＧＭに心からの関心を寄せ、もっとＧＭについて知りたいと純粋に願う気持ちから発せられたものだった。ＧＭは彼を大いに気に入り、本人の知らないところで、最高レベルのエグゼクティブとして経営陣に迎え入れようと本気で考えていた。

それは理想的な結婚と思えた。ドラッカーが研究結果を世に出すまでは。彼の記念碑的著作『企業とは何か』が出版されると、ＧＭは激怒した。同社の経営陣は、ドラッカーの本をまったくの裏切りと見なした。ドラッカーの何が裏切りだと言うのだろう。ドラッカーは同書で、ＧＭは分権化をさらに推し進め、そのメリットを享受できるよう戦略を変更すべきだと提言したのだ。

ドラッカーは、ＧＭを怒らせるつもりなどまったくなかったので、この反応に驚いた。彼の気持ちの中では、ＧＭは素晴らしい会社だった。同書でドラッカーは、ＧＭとアメリカ政府とを比較し、「連邦分権制」という言葉を用いてＧＭの特徴を述べている。「連邦分権制において、企業は多数の自律的な事業部で構成される」。アメリカ政府が各州に権限を委譲したように、ＧＭも各事業部の独立性を認めていた。

だが、ＧＭの事業部は、厳密にはヒトデの腕ではない。ＧＭはむしろ、ハイブリッド型の組織だった。本部もヒエラルキー構造もあり、中央で集中的に管理を行っていた。しかし、純粋なクモ型組織と比べると、各事業部長は大幅に権限を委譲され、重要な意思決定を下す権限をもち、経営陣はどちらかと言えば触媒的な役割を担っていた。経営陣はまず戦略に関する示唆を与え、その後徐々に事業部長たちを誘導していく。ドラッカーは言う。「(GMでは) 本社経営陣の決定事項は間違っている、あるいは思慮が足りないと思った場合、それを批判するのはすべての管理職層の権利であり、義務でもある。(中略) こうした批判に対するペナルティはない。自発性や事業に対する積極的な関心を示すものとして、むしろ高く評価される。挙げられた批判は必ず取り上げられ、真剣に検討される」

ご想像の通り、経営陣はすべての決定に対する拒否権と最終決定権をもっているが、めったなことでは行使されない。会社は事業部長の自律性を認めるだけでなく、各事業部が単独で利益を出せるよう配慮も欠かさなかった。その結果、GMの事業部長は給与支払い小切手のためではなく、情熱を求めて仕事をするようになった。この情熱こそ、「われわれは卓越するために存在する」というGMのイデオロギーの核心である。

ドラッカーは、この分権制がGM成功のカギだと主張した。そのおかげで経営陣は、より大きな問題に専念できるからだ。GMは分権制を活用し、組織全体に権限を効果的に分散させた。それでは、なぜGMはドラッカーに対して怒ったのだろうか。それは、ドラッカーがGMを称賛する一方で、GMは革新的な取り組みを継続し、よりヒトデ的なコンセプトを導入すべきだと提言していたからだ。こうした活動の例としてドラッカーが挙げているのは、たとえば、顧客に何が役に立ち、何が役に立たなかったかを尋ね、そのフィードバックを企業戦略に組み込む、といったことだ（その本質は顧客への権限付与であり、数十年後にサンやＩＢＭ、イントゥイットも実施した）。

だが、ＧＭの反応はこうだった——なぜ自分たちが変わらなければならないのか。順調にやっているではないか。いいか、われわれは業界トップなのだ。よそ者がノコノコやって来て、余計なことを言うな。

ＧＭの反応と、ドラッカーが日本に行ったときの出来事を比較してみよう。日本人は、ドラッカーが語る理論に熱心に耳を傾けた。ドラッカーはそのときの様子を振り返って、こう述べている。「私は日本人に、そもそもコミュニケーションが機能するには、下から上に向かうコミュニケーションでなければならないと教えた。（中略）そして、経営トップとは機能であり、責任であって、地位や特権ではないということも」。言い換えると、ドラッカーは日本人に、ハイブリッド型という組織のあり方を受け入れるよう説いたのだ。

その後長い年月をかけて、日本企業は革新的な取り組みを重ねていった。一方、ＧＭのような企業は、昔ながらの指揮統制型のマネジメントに固執した。ＧＭが下した、変わらないという決断の代償は、結局高くついた。ここで時間を数十年早送りして、ＧＭとそのライバル、トヨタの組み立てラインを見比べてみたい。

１９８０年代のＧＭの典型的な組み立てラインは、われわれが組み立てラインと聞いて思い浮かべるイメージ通りのものだった。1人の工員が1つの作業だけを担当し、厳然たるヒエラルキーが存在した。誰か1人がミスを犯したり、問題を見つけたりすると、その工員がラインを止める。ラインが止まると同時に、けたたましいアラーム音が鳴り響く。工員たちが急いで集まり、問題を解決すると、ラインは再び動き始める。だが、車を運転する人ならよく知っている通り、1980年代前半に作られたGM車は故障が多かった。この生産方法で作られた車は、良くてまあまあという程度であり、素晴らしいというレベルには到底至らなかった。

トヨタの組み立てラインは、これとはまったく違う。工員はチームの一員であり、誰もが重要な貢献をしていると見なされ、大幅な自由裁量を認められている。工員がラインを停止すると、次のようなことが起きる。まず「キーンコーン」という気持ちの良い音が鳴り、何が起こったかをチームで念入りに調べる。これも継続的な改善活動の一環なのだ。ラインで働く工員は、常日頃から提案を行うよう奨励されている。

ここで少し、自分がもしトヨタのトップだったらと想像してみよう。工員からの提案をいくつぐらい採用するだろうか。どの提案も善意からなされたとはいえ、不備も多いだろう。そうなると15パーセントぐらいか。半分ぐらいは役に立つという可能性に賭けて、50パーセントか？　いやいや、思い切って100パーセント採用すべきだ。というのも、ウィキペディアの編集と同じで、トヨタの工員からの提案は1つ残らず採用されているからだ。分権型の流儀に則って工場内のチームはサークルとして機能しており、工員から出された革新的アイデアはすべて実践に移される。そして、ウィキペディア風に、誰かの提案が逆効果だとわかったら、放っておいても他の誰かが、それを取り消すよう提案する。

ここからわかるのは、従業員の扱い方がまったく違うということだ。トヨタは工員を、指示がなければ動かず、周囲と協調できない怠け者とは見ていない。トヨタにとって、工員は大切な資産なのだ。工員の気持ちがどれほど奮い立つか、想像してほしい。自分の意見が尊重されるのだ。だが、トヨタはそこで終わらない。ヒエラルキーの階層を減らし、給与水準も一律にした。すべての従業員が一体となった。こうしたさまざまな革新的取り組みの結果、トヨタ車の品質はGM車をはるかに凌駕するに至ったのである。

トヨタの工場では高品質の車が生産され、効果的なチームワークが保たれているのに、GMの工場ではなぜそうなっていないのか。専門家たちは、その理由を解明しようとしてきた。GMの組合が力を増したのが、問題の引き金ではないかと推測する者もいた。ドラッカーも含めて、日本が成功したのは文化が違うからだ、と考える者もいた。ドラッカーによると、日本人は「ビジネスの目的は『利益を上げるため』ではない、という私の見解を受け入れるようになった」。ドラッカーの哲学的な言葉は続く。「西洋人も共有している儒教的概念に従えば、学びの目的は、自己自身を、新たな仕事、さまざまな仕事、より大きな仕事を担うにふさわしい人間に高めることだ。学び始めて一定の期間を経ると、習熟曲線の停滞期に入り、その後は永遠にそのレベルに留まる。日本人は『禅的な考え方』をする。彼らにとって、学びは自己を改善するためなのだ。絶えず視野を広げ、能力を高め、自分自身により高い水準を求めながら、現在の仕事に取り組むのである」

「文化がどうしたって?」と日本人なら尋ね返すだろう。トヨタとGMの違いは、組合とも、文化とも、儒教とも、禅の思想とも無関係だ。それを証明するために、トヨタは、自分たちが手を貸せば、GMもトヨタと同水準の品質を実現できると主張した。

GMはこの話に興味を示した。そして、トヨタが単に大口を叩いているだけかどうかを確かめようと、カリフォルニア州フリーモントにある工場の経営を引き継がないかともちかけた。そこはGMの中で最も生産性の低い工場だった。生産される車の品質は恐ろしいほど劣悪で、組合と経営陣との関係も最悪だった。経営陣の中には、護身用に銃を携行する者もいたほどだ。毎日の欠勤率は20パーセントというめまいがしそうな数字だった。あまりのひどさに、GMも閉鎖を決めていたほどだ。

GMは挑戦状を叩きつけた。さあ、どうぞ。フリーモント工場がどうなるか、見てみようじゃないか。あ、そうそう、話は変わるが、以前と同じ組合員を雇ってくれよ。これに対してトヨタは、何の問題もないと応じた。両社はフリーモント工場を再開し、名称をニュー・ユナイテッド・モーターズ・マニュファクチャリング・インク（ＮＵＭＭＩ　ヌーミ）と改めた。

トヨタの経営陣は、日本で効果を発揮した業務手順をそのまま導入し、ハイブリッド型組織の原則をフリーモント工場にも適用した。ある工員はそのときの様子をこう振り返る。「自分たちが何をやるか、どうやるかはチームで決めました。グループリーダーがやって来るのは、週に30分ほどです。一番大事なのはチームメンバーなんだ、管理職がいなくてもきちんとやっていけるんだ、と思っていました」

結果は圧倒的だった。新工場は、３年のうちにＧＭで最も効率的な工場になった。ＮＵＭＭＩの生産性は、ＧＭの同規模の工場に比べ、実に60パーセントも高かった。また、生産性のみならず、品質も劇的な向上を見せた。この点については、ＧＭのビュイック・シティ工場の製造マネジャー、ジェイミー・フレスコの体験談がすべてを物語っている。フレスコは、ある実験をすることにした。ＮＵＭＭＩといえども、まさか完璧というわけではあるまい。だったら、組み立てラインを大混乱に陥れる方法が何かあるはずだ。そう彼は思った。


フレスコは、いろいろと手を打ち、組み立て工員としてＮＵＭＭＩに職を得た。彼はＮＵＭＭＩのマネジャーたちに、自分を特別扱いしないでほしい、また、他の工場のマネジャーだと誰にも言わないでもらいたいと頼み込んだ。出勤するようになると、彼はたった1人でサボタージュ（怠業）を始めた。1カ月にわたって、フレスコは仕事を怠け、規則を破り続けた。昼食の後はいつも遅れて現場に戻った。また、床に部品を積み上げ、安全を脅かした。だが、何をやっても経営陣からは叱責されなかった。だが、同じチームのメンバーたちは彼を注意した。フレスコにはとても信じられなかった。かつてGMの悩みの種と言われた組合員たちが、今や工場の円滑な操業のために進んで努力しているではないか。数年前にGMが閉鎖を決めた工場とは、もはや別物になっていた。

どこかで聞いた話だと思った人もいるだろう。実は映画『ガン・ホー』のモデルとなったのが、このNUMMIの工場なのだ。ただし、映画の方は、工場がうまくいった本当の理由を描いてはいない。映画では、日本人の厳格な管理のおかげで改善されたことになっている。アメリカ人はダラダラと働くのをやめ、日本人の方も、たまには肩の力を抜くのを覚え、それからは皆で幸せに暮らしましたとさ、という作品だ。

実際のNUMMIの成功は、厳格な管理のおかげではない。文化の違いや組合との駆け引きのおかげでもない。きちんとした管理と、工員のやる気を同じ方向に向かわせたことは、もちろん影響しているだろうが、真の理由は、トヨタが分権化の「スイートスポット」を追求し続けたところにある。

ドラッカーが本を出した1940年代のGMを再び訪れてみよう。基本的に、GMは変わろうとしなかった。ハイブリッド型の組織であったが、分権化を推し進めるような戦略は、検討することさえ拒んだ。うまくいっているものをゴチャゴチャにする必要はない。これがGM経営陣の結論だった。一方トヨタは、ヒトデ型システムとクモ型システムの理想的なバランスを見出そうと常に努力していた。

分権化のスイートスポットとは、中央集権と分権を両端とする連続体上のどこかにある、最高の競争力を生み出せる地点のことだ。ある意味で、スイートスポットを見つけるのは、ゴルディロックス（訳注：イギリスの童話『3匹のクマ』に出てくる女の子）がいろいろな大きさのお椀に盛られたお粥を食べる話に似ている。これは熱すぎる、これは冷たすぎる、でも、これはちょうどいい。

改めて、オンラインオークション業界を見てみよう。すでに見たように、イーベイが創設されたのと同じ頃、市場に参入したオークション会社があった。その会社、オンセールは、シリコンバレーの有力ベンチャーキャピタル数社の出資を受けて設立され、投資家の間では寵児ともてはやされた。

創業時のオンセールは、新品のコンピュータと修理済みのコンピュータを売っていた。メーカーから直接仕入れたコンピュータの再販と、他の店と買い手との取引を仲立ちして手数料を取る仲介業の二本立てであった。当時、オンセールのこのビジネスモデルは大いに理にかなったものだった。一方では、格安価格が当たり前となっていたコンピュータの供給があり、他方では電子機器を割安に購入したいという買い手の需要があったからだ。

在庫管理と品質管理は難しかったが、何とかなった。オンセールは他の店と同じように、在庫を抱えていたが、定価はなく、消費者が互いに競り合って値段が決まるようになっていた。オンセールは在庫を管理し、1日平均500点から1200点の商品がはけた。これは、分権型にほんの1歩だけ踏み出した、中央集権型システムと言える。入札者が、入札のたびにふざけた野次を投稿するようになっていたのは、コミュニティ作りを促進するためだった。オンセールのコンセプトはかなりうまく機能し、将来性も感じられた。実際、人気の高まりとともに、オンセールは最も規模が大きく、最も成功したオンラインオークション会社となり、株価も急騰した。

だが、人々がイーベイを利用するようになると、市場の様相が激変した。オンセールは小さな1歩を踏み出しただけだったが、イーベイは誰もが品物を売り買いできるようにするという、分権化への大ジャンプを決めた。イーベイを使えば、何千人ものユーザーが出品した何千もの品物の中から選べるのだ。一握りの店と数百点の品物しかないサイトで、誰が買い物をするというのか。

オンセールの市場シェアは低下し、店じまいせざるを得なくなった。ユーザー同士で直接オークションができるイーベイの分権型システムの方が、単純に優れていたからだ。つまり、イーベイはスイートスポットを見つけたのだ。イーベイに比べると、クレイグズリストは分権化が行きすぎた感がある。誰もが投稿できるがユーザー評価システムがないため、予め現物を確認できれば別だが、そうでない限り高価な品物の売買には向かない。イーベイの方は、クモ型組織とヒトデ型組織のバランスがうまく取れている。オンセールと違って、イーベイは在庫を抱えていない。また、クレイグズリストと違って、信頼だけに頼ってもいない。イーベイのユーザー評価システムは、信頼性と安全性を共に提供している。

仮にイーベイがこれ以上分権化したら、ユーザーは減るだろう。たとえば、イーベイがユーザーのメールアドレスの確認をやめ、誰もが匿名で取引できるようにしたら、責任の所在があやふやになるだろう。責任の所在があやふやになれば、信頼度が下がり、ユーザーは現物を確認せず物を買うことに慎重になるだろう。逆にイーベイが、出品物の品質確認を行うなど、今よりも中央集権化したら、手数料が高くなるため、イーベイに出品する経済的メリットが削がれてしまう。そうなると、やはりユーザーは離れ、利益は減る。つまりイーベイは、現状より中央集権化しても、分権化しても、どちらにしろ市場シェアを失うのである。

トヨタは、自動車業界における分権化のスイートスポットを発見した。トヨタの組み立てラインがGMそっくりの中央集権型になったら、工員の意欲は削がれ、自動車の品質も下がるだろう。反対に、トヨタの分権化が行きすぎてしまったら――たとえば、組織の構造や管理を疎かにし、それぞれのサークルに好きなように車を作らせたら――社内は滅茶苦茶になっていただろう。分権化は創造性を引き出すが、同時に違いも生む。トヨタのあるサークルは素晴らしい車を作るが、別のサークルはポンコツしか作らない、という事態にもなりかねない。

トヨタが見出したスイートスポットは、創造性を十分発揮できる程度に分権化しつつ、一貫性を保つのに必要な組織構造と管理体系を備えたものだった。

ドラッカーは、分権化のスイートスポットという概念を直感的に理解していたようだ。1940年代のGMがそうだったように、今スイートスポットを捉えているからといって、将来もそこがスイートスポットであり続けるとは限らない。オンラインオークション業界のように、スイートスポットが相当に安定している場合もある。その一方で、スイートスポットがコロコロと移り変わり、常に追いかけていなければならない場合もある。

音楽業界について、改めて考えてみよう。音楽業界は、何世紀もの間、個人の音楽家による演奏がすべてという分権型の業界であった。蓄音機が発明されると、個人の音楽家として活動するよりもレコード会社を経営した方がはるかに儲かるという状況が、突如として現れた。スイートスポットが、連続体上の中央集権側へと位置を変えたのである。

レコード会社の数が増え、合併により巨大レコード会社が誕生すると、売上はさらに増加した。規模の経済が働き始めたのだ。資産構成と流通ネットワークが大きくなればなるほど、製品一単位当たりのコストは低減する（規模の経済が有利に作用している好例が、ウォルマートである。あらゆる物を扱う大型店舗チェーンを経営する方が、限られた範囲の商品を販売する小規模の独立系店舗を営むよりも効率的だからだ）。小規模なレコード会社が多数存在する場合、レコーディングスタジオの維持費の他に、タレントを発掘するスカウト、プロデューサー、契約書を起案する法務部、レコードの販促を行うマーケティング部門などの費用を、それぞれのレコード会社が負担しなければならない。ところが、小さなレコード会社が統合されてソニーのような超巨大企業になると、法務部やマーケティング部門などは1つで済むようになり、余剰人員を削減できる。

このように、レコード会社にとっては何とも結構な時代が続いていたが、ナップスターが登場し、P2Pによる音楽ファイル交換が可能になると、スイートスポットは分権化の方へ大きく移動した。この新たな状況にあっても、イーミュールは分権化が行きすぎており、利益を生むモデルにはなれずにいる。そもそも売上がないのだから、利益どころではない。だが、レコード会社の方は中央集権に寄りすぎており、その結果売上を落としている。しかしながら、この変化は機会も生み出した。至るところで目にするアップルのｉＰｏｄだ。ラジオで聴いた曲が気に入り、ショップに足を運んでＣＤを買ったところ、他の曲はクズばかり。音楽愛好家が、このような状況にイライラを募らせていることに、アップルは気づいていた。違法だが、無料の楽曲ファイルをダウンロードできれば満足というユーザーは多い。だが、著作権を侵害するのは気が引けるし、アルバム全部ではなく、お目当ての曲だけ買えるのであれば、喜んでお金を払っていいという人もいる。そこに登場したのが、アップルのオンラインミュージックストア、ｉＴｕｎｅｓだった。ｉＴｕｎｅｓは1曲99セントで楽曲の販売を開始した。しかも、すべて合法だ。アップルは、レコード会社は中央集権的すぎるが、イーミュールのような違法サービスも、ユーザーに大きなリスクを強いることを理解していた。

アップルはまた、お互いにコンテンツを共有したいというユーザーの思いも把握していた。そんなユーザーには、「ポッドキャスト」の利用を薦めた。ポッドキャストを使えば、料理ショーからジョン・エドワーズ上院議員との質疑応答セッションまで、自分で制作した番組を他のユーザーに提供できる。アップルは、中央集権型組織と分権型組織が互いに争っているとき――この場合はレコード会社と音楽ファイル交換サービス――は、その中道を行くのが利益につながると証明したのである。

現在のアップルは、スイートスポットを見つけて満足かもしれないが、明日それが移動しないという保証はない。それはまるで綱引きのようだ。中央集権型チームと分権型チームが綱を引き続け、スイートスポットの位置があちらへ、こちらへと揺れ動く。だが、スイートスポットは移動するものだと理解することと、その構造的転換を予想することは、まったく別の事柄なのである。

たとえば、音楽業界の場合、レコード会社において、スイートスポットが突如として、あれほど劇的に変化すると予測できただろうか。驚くかもしれないが、答は「できた」である。ただし、適切な問いを立てられていれば、の話だが。レコード業界は以前から、人々が音楽をコピーしたがるのを知っていた。より一般化すると、人間には情報を共有したがる傾向が生まれながらに備わっている。政府や企業の機密保持が難しいのは、このためだ。人間はおしゃべり好きなのである。そこにP2Pという技術がもたらされたのだ。不吉の前兆と見るべきだったろう。

人が音楽を共有したがる傾向をもっているからこそ、レコード会社は海賊版を取り締まる法律を求めて戦ったのだ。また、容易に楽曲がコピーできるCD書き込みソフトのような新しい技術を阻止しようとしたのも、同じ理由からだった。こうした措置は、しばらくの間は、それなりに効果を上げていた。友人のためにCDをコピーする人間はいる。

その程度の枚数なら大したことはないが、アメリカで海賊版を大量に販売すると厳罰に処せられる。

だが、インターネットの登場により、音楽の共有などチョロいものとなった。それでも、ナップスターのように、音楽ファイルの交換手段を公開した者は訴えられる危険性がある。そうなると、イーミュールなどを使って、匿名性をさらに高めるしかない。八方塞がりとなったユーザーには、分権型の選択肢しか残っていなかったのだ。ヒトデ型組織は、自由に情報を共有したい人にとっては、これ以上ない場所だ。さらに良いことには、匿名での共有が簡単にできる。以上をまとめると、匿名性と自由な情報の流れという2つの要因が、音楽業界の分権化を促し、スイートスポットを動かしたと言える。

音楽、ソフトウェア、電話といった情報を基盤とする業界では、この2つの要因がスイートスポットを分権の側へ引き寄せている。アパッチ、イーミュール、スカイプ、これらはいずれも、中央集権型の競合相手よりも効率的かつ安価に情報を伝達する。さらに、人々が違法行為や決まりの悪さを感じるような行為を行う場合――言い換えると、何らかの理由で匿名性が求められる場合――も、スイートスポットは分権側に移動する。AAや動物解放戦線、イーミュール、アルカイダが分権化したのは、匿名性を維持するためだ。

だが同時に、スイートスポットを中央集権型の方へ移動させる要因もある。音楽愛好家がｉＴｕｎｅｓに惹かれたのは、それが安全であり、責任の所在が明確だからだ。イーミュールを使う場合、何が起こるかはダウンロードするまでわからない。問題ないかもしれないし、質の悪いウイルスに感染しているかもしれない。だが、ｉＴｕｎｅｓで楽曲をダウンロードする場合は、合法的だし、ウイルスに感染している恐れもなく安心だ。クレイグズリストで何かを買うときは、売り手が正直であると願い、信じてもいるが、確かなことはわからない。これがイーベイならユーザー評価を頼りにできるし、相手の手がかりが得られないほど匿名性が高いわけでもない。お金が絡む話になると、より一層の説明責任が求められるが、イーベイの場合は、ペイパルを使って安全にネット送金ができる。

ある業界で安全性と説明責任の重要性が増すと、スイートスポットは中央集権側に移動する傾向がある。特に、馴染みのないサービスを利用する場合、人は安全性を重視するものだ。ヤフーは数年の間、検索の世界の王様であった。当時、ほとんどの人にとってウェブは新しい経験であり、安全で責任のある情報源が求められていた。ヤフーが提供していたのは、まさにそれだった。ヤフーが立ち上げたセントラル・ポータルで、ユーザーは株価をチェックしたり、ゲームをしたり、天気を調べたりできた。ヤフーは検索カテゴリーを作り、膨大な数のウェブページを分類するために、編集者を雇っていた。だから、ヤフーは信頼できた。ハワイに関するウェブサイトを探すと、かなり適切な検索結果が得られるし、不快な内容のサイトを検索しないようにもできる。もちろん、不快なサイトを探している場合は、その限りではない。ヤフーはいつもそこにいて、ユーザーの手を取って導いてくれる存在だった。

だが、ウェブの世界が拡大し、ユーザーの方も慣れてくると、グーグルの新しい、より分権型のアプローチの方が魅力的に感じられるようになった。グーグルの検索アルゴリズムは、ユーザーからのインプットに依存し、編集の専門家の手は借りていないが、こちらの方がヤフーよりも関連性の高い結果が得られた。グーグルの分権型の手法が、ヤフーの編集専門家に取って代わったのだ。検索業界におけるスイートスポットの位置は未だ流動的で、どちらの方向に向かっているのか断言するのは難しい。新規参入者がより分権型の手法（たとえば、イーミュール風の検索手法など）を提供する可能性はあるし、ウィキペディアとグーグルを統合したようなハイブリッド型の検索エンジンが登場するかもしれない。あるいは、グーグルがスイートスポット上に君臨し続けるかもしれない。分権化の風がどこに吹くかは予測しがたいが、時としてするりと逃げていくスイートスポットを追い続けるのが、いつの時代にあっても賢明なやり方と言える。

第9章 新しい世界

今では想像しづらいが、１９１７年当時のソビエト連邦政府は、比較的よく時代の潮流を捉えていた。奮闘努力の末についに革命を起こし、人望薄いロシア皇帝を権力の座から引きずり下ろして、国の近代化に最優先で取り組んでいた。だが、近代化を目指していた割には、意思決定には妙な点があった。たとえば、当時の最新技術に対する彼らの反応について、ポール・スターは著書『The Creation of the Media（メディアの創造）』で次のように述べている。「１９１７年に政権を掌握した後、新興ソビエトの統治者たちは、当時他国が行っていた電話ネットワークへの投資を見送り、新たに登場した別のコミュニケーション技術に力を注ぐことにした。それは拡声器であった」

そう、拡声器である。ソ連は、国中に電話線を張り巡らすのではなく、全国に数え切れないほどの拡声器を設置した。愛国的な歌であれ、共産党の演説であれ、大衆向けのメッセージを迅速かつ効果的に伝えようとしたのである。スターはさらに、「１９９１年に崩壊するまで、ソ連とその支配下にあった国々の電話機の台数は、西ヨーロッパ及び北アメリカの台数よりも著しく少なかった」と述べている。ソ連政府は新技術の評価を誤っただけでなく、世界が急速に変わろうとしていることも見抜けなかった。前世紀から続く帝政ロシア的なものの見方が、依然としてはびこっていたのである。ソ連が注力したのは、上層部の人間が一般人に命令を下すという、権力者優位の価値観を反映した技術であった。

だが、20世紀において経済を成長させるためには、政治上の支配者と大衆の間のコミュニケーションよりも、個人間のコミュニケーションの方がはるかに重要だった。

ソ連に対する批判は差し控えるとして、ここで重要なのは、電話機が普及したときのようにゲームのルールが突然変わると、変化に取り残される者が必ず出るということだ。われわれは、物事がいつも通りのやり方で進展するのに慣れている。ルールを覚えると、大幅な変化が生じるとは予想しない。だからこそ、第一次世界大戦中の西部戦線で泥まみれの塹壕戦を経験したフランスは、第二次世界大戦に向けて周到な準備をしたのだ。フランスは、一連の要塞群と総延長100キロメートル以上のトンネルからなるマジノ線の建設に、大量の資源を投入した。マジノ線は、第一次世界大戦中であれば効果があったかもしれない。だが、あれから22年経ち、新兵器を携えたドイツ軍には、まったく太刀打ちできなかった。金のかかった旧式の塹壕は、使い物にならなかったのだ。テクノロジーが戦争のルールを変えてしまっていた。ドイツ軍は数週間のうちにフランスを支配下に収めた。

電話がコミュニケーションを変え、テクノロジーが戦争を変えたように、分権型の勢力は新しいルールを作ってきた。その変化はあまりにも急激なため、抵抗する業界や政府がとる戦略は、気づいたときには時代遅れなものとなっていた。MGMはP2Pで音楽ファイルを交換するユーザーを標的としたが、その際の戦術は、敵が中央集権型であれば効果があったかもしれない。しかし、相手は分権型だったため、問題を悪化させるだけに終わった。フランス人投資家たちがデイブ・ギャリソンに、誰がインターネットの社長かと詰め寄ったのは、彼らが固定的なヒエラルキー構造をもつ組織ばかり見てきたからだ。GMは長年うまくやってきたという理由で、組み立てラインを変更しなかった。が、トヨタの出現で方針を改めた。こうした事例を調べていく中で、いくつか新しいパターンが見えてきた。驚くようなものもあったし、最初見たときは直感的に、これは違うだろうと思ったものも多い。いずれにしろ、確実に言えるのは、ゲームのルールは変わったということだ。

ルール1：規模の不経済

伝統的には、企業や団体が大きくなればなるほど、それらの影響力も増す。かつて、小規模組織の利点は柔軟性があることぐらいで、全体としては大規模な組織の方が有利と見られていた。

だが、分権化がすべてを変えた。AT&Tは巨大企業で、大規模なインフラを所有し、何万人もの従業員を抱えていた。スカイプは従業員数人で、会社所有のパソコンも数台しかなかった。スカイプには大勢の社員もマーケティング予算も広大な施設も不要だったので、最小限の収益でも成長できた。こうした無駄のないやり方が、大規模で分権型のユーザーネットワークと結びついた結果、スカイプは電話業界に大打撃を与えた。

初めて聞く人は聞き間違いと思うかもしれないが、組織は小さい方が良い。イーミュールは、運営すべき物理的な意味での会社をもたないので、何百万ものユーザーが無料で楽曲を手に入れても平気でいられた。クレイグ・ニューマークがサンフランシスコの小さなオフィスで仕事をしていたので、クレイグズリストは何百万件という広告を無料で掲載できた。大規模なユーザーネットワークと結びついた小規模組織は、柔軟性と力を併せもつ。世界は、規模の小ささが根本的な経済的優位性をもたらすという新しい時代に突入した。規模の不経済がより鮮明になれば、市場への新規参入コストは劇的に減少する。オンラインの三行広告サイトを作るのは、どれほど難しいだろうか。大して難しくはない。ただし、規模は重要だ。小さい方が勝つ。

ルール2：ネットワーク効果

ネットワーク効果とは、ネットワークに新規メンバーが加わるごとに、ネットワーク全体の価値が増すこと。新規の電話機、新規のファックス機が1台加わるごとに、世界中の電話機、ファックス機の価値が上がる。

歴史を振り返ると、かつてネットワーク効果を生み出すのは難事業だった。ファックスのネットワークを構築するには、高価なファックス機を1台ずつ追加しなければならなかった。だが、ヒトデ型組織は、ネットワーク効果を活用する上で絶好の位置につけている。スカイプやクレイグズリストのような成功したヒトデ型組織の場合、新規顧客の獲得に要するコストは完全にゼロだ。かつては、ネットワーク効果を十分生み出すために何百万ドル、何十億ドルもかかったが、多くのヒトデ型組織の場合は、いっさい経費がかからない。

ヒトデ型組織は、新規メンバーが加わるたびにネットワーク全体の価値が高まるようなコミュニティを、ほとんどの場合、一銭もかけずに構築している。イーミュールに新規ユーザーが1人加わるごとに、シェアできる楽曲は増える。ワールドワイドウェブ（WWW）

に新たなサイトが1つ加わるたびに、ネットワーク全体の情報が一層豊かになる。

イーベイのように、生き残るためだけでなく、成長するためにネットワーク効果を活用する企業もある。売り手も買い手も他のサービスに切り替えず、イーベイを利用し続けるのは、ネットワークが高い価値を有しているからだ。

ルール3：カオスの力

読者がこの本を読んでいる間にも、世界中の親が子どもに、部屋を片付けるよう懇願している。「こんなに散らかしていたら、何もできないでしょ！」。同じように、従来の考え方に従えば、組織を運営するには、きちんと整理し、構造を整えた方が良いということになる。

だが分権化された世界では、片付けられない子どもでも嬉々としてやっていける。混沌としたカオス状態でも十分ペイするのだ。一見混沌としたシステムの場合、ユーザーは何でも好きなことを好きなようにやれる。歌をダウンロードしたい？　さあ、どうぞ！　ソフトウェアを開発したい？　がんばって！　ウィキペディアに記事を書きたい？　どうぞご自由に！　ペットのネコのサイトを作りたい？　どうぞおやりなさい！　6メートルのキリン型自動車を運転したい？　そいつはすごい！

創造的アイデア、破壊的アイデア、革新的アイデア、クレイジーなアイデア……。ヒトデ型システムは、こうしたアイデアの卵を孵化させる最高のインキュベーター（孵卵器）だ。制限のいっさいない、何でもありの世界だ。優れたアイデアは多くの人を惹きつけ、サークルにおいて計画が実践される。組織に秩序と厳格な構造を与えれば、何かの標準化はできても、創造性は押さえ込まれてしまう。創造性が求められる領域では、絶対にカオスの受け入れ方を学ぶ必要がある。

ルール4：周縁部の知識

ヒトデ型組織では、知識が組織の隅々にまで行き渡っている。エド・シーランと1935年のレイバー・デー・ハリケーンを覚えているだろうか。シーランは現場にいたので、本部にいた上層部の人間よりも質の高い知識をもっていた。最良の知識は、しばしば組織の周縁部に存在する。

トヨタはこの教訓をよく理解していたので、組み立てラインの工員に対して、革新に挑み、提案を行うよう奨励している。ラインで何が起こっているのか、誰よりもよく知っているのは彼らだからだ。ＩＢＭとサンもこの教訓を取り入れ、自社のソフトウェアを開放し、世界中のエンジニアの力を借りて改良に取り組んでいる。ジミー・ウェールズは、この世界のどこかの片隅に、グレイハウンド犬に関するユニークな知識の持ち主や、南米の歴史の専門家や、スポンジケーキのトゥインキーについて、びっくりするほど詳しい人がいることを知っていた。ウィキペディアは、そうした人々の知識が共有される場なのだ。

ルール5：誰もが貢献したがる

ヒトデ型組織に属する人々は皆知識をもつとともに、共有したい、貢献したいという根元的な欲求をもっている。

人々がバーニングマンに参加するのは、そこが贈与経済の上に成り立つ場だからだ。彼らは、コミュニティのメンバーにただただ楽しんでもらおうと、１年がかりで、人力の観覧車やスクールバスを改造した海賊船などを作り、アートプロジェクトや展示を企画している。ウィキペディアに関わる人々は、サイトをより良くしたいという思いから何時間もかけてウィキペディアを編集するし、会計士たちはイントゥイットのオールマナック・ドット・オーグに自分の専門知識を喜んで披露する。アマゾンのユーザー"jpgm"は無報酬でレビューを投稿するし、ソフトウェア・エンジニアたちはアパッチのコードを改善するためなら徹夜も厭わない。すべて、共有したい、貢献したいという思いからだ。

ルール6：ヒュドラーの反応にはご用心

確かに、分権型組織は何らかの貢献をしたい人には最高の場所だ。ただ、ウェットな感情が表立ってくるのも事実だ。だからと言って、ヒトデをなめてかかるのは禁物だ。

分権型組織を攻撃すると、やがて、ギリシア神話の頭がいくつもある怪物、ヒュドラーを思い出すことになる。ヒュドラーは、頭を1つ切り落とすと、そこから2つ生えてくる。スペイン人はアパッチ族との戦いで、痛みとともにこの教訓を学んだ。レコード会社はナップスターを叩き潰したが、カザーとイーミュールの登場を許した。アルカイダの指導者を追うと、アルカイダは拡散し、増殖し始めた。ヒトデの腕を切り落とすと、それが新しいヒトデに生まれ変わる。すでに見たように、分権型組織と戦う方法は**ある**。だが、後生だから、頭を切り落とそうとだけはしないでほしい。

ルール7：触媒が導く

スペイン軍のコルテスがアステカの君主、モンテスマとの会談を希望したのは当然だった。誰が取り仕切っているか、誰がことを起こせるかを確かめたくなるのが人の常だ。だが、スペイン人がアパッチ族と遭遇したときは話が違った。アパッチ族にはモンテスマに相当する人間がいなかった。その代わり、ナンタンが触媒の役割を担っていた。ナンタンはこれからの行動を示唆するが、強制はしない。CEO的な役割を果たすわけではないが、分権型組織にとって極めて重要な存在だ。ただ、重要と言っても、取り仕切ったりはしない。ジョシュ・セージのように、人々を行動に向けて触発する存在として重要なのだ。オーレン・ホフマンのようにネットワークを築き、デービッド・マーティンのように（さらに言えば、メリー・ポピンズのように）、身を引くべきタイミングも心得ている。こんな触媒たちが世界を魅了してきた。だが、気をつけなければならない。触媒をCEOにしてしまうと、ネットワーク全体が危険にさらされる。アパッチ族がそうなったように。

ルール8：価値こそ組織のすべて

イデオロギーは組織を動かす燃料だ。動物解放戦線（ＡＬＦ）のようなグループは、有給のスタッフを雇っておらず、組織構造もはっきりしていない。そもそもＡＬＦとは、イデオロギーそのものなのだ。イデオロギーを取り上げれば、ヒトデ型組織は崩壊する。

大きな成功を収めたヒトデ型組織は、当時としては過激とも言えるイデオロギーから出発している。グランビル・シャープは奴隷制を廃止すべきという考えをもっていた。ピエール・オミダイアは、人は信頼し得るという考えだった。ビル・ウィルソンは、アルコール依存症の人間は専門家の助けを借りなくても、互いに助け合えばいいと信じていた。

分権型組織を本当に変えたければ、メンバーのイデオロギーを変えるのが一番効果的だ。この方法で、ジャミイ・ボラはアフリカのスラムでテロリズムと戦い、フューチャー・ジェネレーションズはアフガニスタンでコミュニティを作っている。

ルール9：測定し、観察し、面倒を見る

ヒトデ型組織が曖昧で混沌としているからといって、成果を測定できないわけではない。だが、分権型組織で測定を行う際には、諺にもあるように、正確に間違えるよりも、曖昧に正しい方がよい。仮に測定できたとしても、ネットワークのメンバー数を正確に把握したところで大した意味はない。より重要なのは、サークルに着目することだ。サークルの活動はどれぐらい活発か。ネットワークはどれほど分散しているか、サークルは自立しているか、サークル同士のつながり具合はどうか、などを調べるとよい。

同じように、ヒトデ型組織を観察する観点としては、以下のような問いが有効である。サークルは健全な状態にあるか、メンバーは参加し続けているか、ネットワークは成長しているか、広がっているか、変化しているか、より分権化が進んでいるか、それとも中央集権的になりつつあるか……。

多くの触媒は、直感的にこれらの問いの重要性を理解している。触媒はメンバーを気にかけてはいるが、メンバーからの報告を待ち受けてはいないし、メンバーを管理しようとも思わない。分権型ネットワークの面倒を見るには、建築家、チアリーダー、慎み深い観察者の特性を兼ね備えていなければならない。ヒトデ型組織では、メンバーが自分のやり

たいことをやる。メンバー同士を結びつけ、イデオロギーを説き続ける触媒こそ、最高の触媒である。

ルール10：フラットにせよ、さもなければ打ちのめされる

分権型組織と戦う方法はいくつかある。メンバーのイデオロギーを変えるという方法もあれば、組織の中央集権化を図るという方法もある。だが、それでも倒せなかった場合、一番生き残る望みがあるのは、自分も仲間入りすることだ。

生き残りを賭けた企業や団体が、ハイブリッド型のアプローチをとるケースが増えている。GMは組み立てラインの工員に権限を与えた。ジャック・ウェルチは、GEの各事業部門を独立させた。サンは、それまで一人勝ち状態にあったソフトウェアを開放すべきだと気づいた。

デジタルの世界では、今後も分権化が産業界や社会の様相を変えていくだろう。変化をもたらす要因に抗うのは、良くて無駄、悪くすれば逆効果だ。だが、同じ要因が計り知れない力をもたらすことがある。音楽ファイルを交換する人、スカイプで通話する人、イー

ベイで物を売る人、ウィキペディアに投稿する人、クレイグズリストのコミュニティに加わっている人、回復に向けて努力する依存症の人、あるいは、インターネットを使った経験のあるすべての人が、それを実感できているはずだ。

確かに、分権型の組織は一見したところ、雑然として混沌としている。だが、その可能性を正しく認識すれば、最初は無秩序に向かわせるように思われた要因が、人類の歴史上最大の力を発揮するようになる。

エピローグ

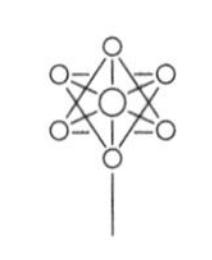

ヒトデを語る

　本書が出版されるまで、自分がニール・コールのような人と電話で話ができるなんて想像したこともなかった。コールはチャーチ・マルチプリケーション・アソシエイツ（CMA：Church Multiplication Associates「教会増殖協力会」の意）のエグゼクティブ・ディレクターにして役員、ヒトデ語で言えば同会のナンタンとも呼ぶべき人物だ。彼はハウスチャーチ運動の話をしてくれた。この運動の中核原理は「サークルの力」だ。全員が運動の成功に責任を負い、全員が運動に欠かせない大切な存在とされる。コールは、自分がヒトデ型組織の一員であると気づき、それを私に伝えようとしたのだ。

　コールのような人たちが、組織について語るときにヒトデという言葉を使ってくれるなんて、本当にエキサイティングだ。ジョージア州オーガスタのエマージェンシー・サービスィズ・インテグレーターズ（ＥＳｉ）も、そんなエキサイティングな会社の１つだ。ＥＳｉはデルタ航空、環境保護庁（ＥＰＡ：Environmental Protection Agency）、メリーランド州などを顧客にもち、危機管理ソフトウェアを提供している。

ＥＳｉは、表面上はごく普通の会社に見える。だが、じっくり観察すると、全員が参加して率直に語り合う全社ミーティングやオープンコラボレーション、チームリーダーシップモデルといった活動の中に、ヒトデのＤＮＡが浮かび上がってくる。ＥＳｉはヒトデの概念を通じて、自分たちがすでにもっていた考えを補強できた。それはすなわち、「開かれたシステムには力がある」ということだ。彼らにとって、本書は一種の辞書のようなものだ。同社の共同オーナーの１人、ポール・バトラーは言う。「以前はうまく言い表す言葉を知らなかったのですが、この本を読んで、自分たちはハイブリッド型組織なのだと気づきました」

最初のうち、ヒトデの力ははっきりとはわからなかった。初めてＥＳｉに出資した頃のバトラーは、フランス人投資家たちと同じ見方をしていた。「ベンチャーキャピタリストとして引っかかったことの１つが、創業者たちが役職名をつけたがらないという点でした。３人とも、対等の立場でいたいと言ってね。誰かを責任者にするのを嫌がっていました」

「（最初の頃）社長かＣＥＯと話したいという電話が、しょっちゅうかかってきました。当社にはそういう人間はいないんです、と答えるしかありませんでしたよ。でも、ビジネスが軌道に乗ると、『きっとそれが成功の秘訣なんでしょうね』と言ってもらえるようになりました」

同じヒトデの哲学は、ＥＳｉのソフトウェアにも浸透している。同社の危機情報管理システムWebEOCは、ユーザーがヒトデ型コミュニティを構築できるようになっている。緊急事態に見舞われた場合は、誰もが情報を受発信できるオープンな場と、現場の人々から提供される情報、いわばネットワークの縁からの情報が必要だ。１９３５年のレイバー・デー・ハリケーンのとき、このWebEOCさえあれば、と思われてならない。普段は目につかないヒトデが、さまざまな分野で重要な役割を演じているとわかると、何だか元気が湧いてくる。

本書で取り上げた話題の中でも、特にアパッチ族の話に関しては、思いがけないところから反響が寄せられた。アパッチ族の話は兄弟のトムから聞いたのだが、そのときは、出版社が書いてもいいと言ってくれるかどうか確信がもてなかった。そのため、企画書の段階では、ほとんど脚注という感じで簡単に触れただけだった。ところが、打ち合わせをした出版社の人が全員アパッチ族の話を気に入り、ぜひ本文に盛り込むべきだと言ってくれた。アパッチ族の話は、われわれがそれについて考えれば考えるほど、より一層多くの教訓を与えてくれる。

問い合わせの電話は出版前から――新刊書見本を関係者に配布した直後から――入りだした。特殊部隊の将官たちと電話で話すのは、妙な感じがするものだ。彼らはアパッチ族の戦術に強く惹かれていた。特殊部隊自体も分権型であり、テロリスト集団との戦いで成果を上げている。アパッチ族とスペイン軍の戦争へのアプローチに大きな違いがあったという歴史上の事実は、現代の軍事戦術家が直面する課題を理解する上でも大いに役に立つのだ。

そう、それは間違いなく、そうなのだ。ひとたびヒトデのコンセプトに馴染んだ後は、見渡す限り、その実例で溢れているのがわかるだろう。

オリ・ブラフマン

ヒトデ革命の広がり

カリフォルニア州モントレーで、名高いＴＥＤカンファレンスが開催された際、１人の男性が書店に立ち寄り、店内をぐるりと見渡した。そして店員にこう尋ねた。「良い本があったら1冊買いたいんだけど、何かお薦めはある?」。店員はその紳士にこう答えた。「『The Starfish and the Spider ヒトデ型組織はなぜ強いのか』はどうですか。ＴＥＤで今一番の話題なんです。うちでも一番売れていますし、みんなこの本の話をしていますよ。今までで読んだ中で最高の1冊だと言う人もいるぐらいです」。男性は薦められた本と音楽ＣＤを1枚買って店を出た。その男性は、ビル・クリントン元大統領だった。

本書が世に出て以降、地球規模の3つのトレンドが生まれ、人々を驚かせている。

(1)ソーシャルネットワークをはじめとする世界中の分権型ネットワークへの関心の高まり。

(2)企業、政府、組織など広い範囲におけるヒトデ型組織の絶え間ない増殖。

(3)本書で述べられたヒトデの原則に対するマネジャー、リーダー、触媒からの共感の声。

とにもかくにも、この本は多くの人々の心に響いたようだ。グーグル、モジラ、サン・

マイクロシステムズ、ユーチューブ、その他多くの企業で、ヒトデ型ネットワークについて、あるいはその力を利用して新たな事業や企業を創出する方法について、盛んに議論されるようになった。

ドイツで開かれたデジタル・ライフスタイル・デーに参加した際、世界有数のビジネスエグゼクティブ向けオンラインネットワーク、シン・ドット・コム（Xing.com）のCEO、ラース・ヒンリヒスがこう言ってくれた。「会社を立ち上げてから読んだ本の中で最高の内容でした。とても衝撃を受けましたよ。『触媒とCEOとの比較』を読んではっきりとわかったんです。我が社に必要なのは、ビジネスの重要な側面をリードしてくれる触媒であると。そこで、その気づきに基づいてチームと戦略に修正を加えました。成功できたのはそのおかげです。２００６年12月に株式を公開し、現在の時価総額は2億５０００万ドルを超えています」

環境保護団体の中で指導的役割を果たし、京都議定書を共同執筆した環境防衛基金から、環境問題に取り組む、シリコンバレーのCEOネットワークを築くにはどうすればいいか、と相談を受けた。彼らは、本書で述べられた原則を活用し、トップレベルの経営者が参加する超党派のヒトデ型ネットワーク、「環境市場ネットワーク」を設立した。同ネットワークの目的は、アメリカの地球温暖化目標とCO2排出枠に関連して、主立った上下両院議員と接触することである。

似たような話は枚挙にいとまがないが、中でも印象的だったのは、司祭と、ハイテク関連の大企業の重役からまったく同じ、しかもよく尋ねられる質問を受けたことだ。それは、「クモ型と思える組織にいるのだが、どうすれば少しでもヒトデ的になれるか」という質問だ。そのときは、マザー・テレサの例を紹介した。彼女は明確なヒエラルキーが存在する、古色蒼然たる組織に身を置きながらも、世界133カ国に広がるヒトデ型組織、「神の愛の宣教者会」を設立したからだ。

本書は、多くの人が何となくこうだろうと思いながらも、それについて議論するための枠組や言葉が不足していた事柄を白日の下にさらし、明確に示したものである。ヒトデ革命はますます勢いを増しており、これからも広がり続けていくだろう。ようこそ、ヒトデ革命へ。

ロッド・A・ベックストローム

注釈

はじめに

おばあさん細胞の概念については、チャールズ・G・グロス（Charles G. Gross）の“Genealogy of the ‘Grandmother Cell,’” The Neuroscientist 8（2002）: 512–18. を参照。おばあさん細胞と意識理論については、デービッド・ローズ（David Rose）がPerception 25に発表した以下のゲスト論説でより詳しい情報が得られる。“Some Reflections on（or by?）Grandmother Cells,” Perception 25, no. 8（1996）。オンラインで閲覧可能。https://journals.sagepub.com/doi/abs/10.1068/p250881

第1章　MGMの失策とアパッチ族の謎

「メトロ・ゴールドウィン・メイヤー及びその他　対　グロックスター社及びその他」の裁判は2005年3月29日、連邦最高裁判所で始まり、同年6月27日全会一致でMGM側勝訴の判決が下った。

トム・ネビンズ（Tom Nevins）が、アパッチ族の分権的な特徴について述べているのは、ヘルガ・インスタッド（Helge Ingstad）著、*The Apache Indians: In Search of the Missing Tribe*（Lincoln : University of Nebraska Press, 2004）の序文において。アパッチ族がスペイン軍に負けなかった理由については、われわれが直接ネビンズに話を聞いた。彼によると、分権化は今なおアパッチ族の生活に大きな影響を及ぼしているという。たとえば、若い女性のための成人の儀式が行われると、アパッチ族内で分権化がさらに進む。成人式を迎えた女性の家族と、それ以外の家族との間に上下関係を伴わない新たな結びつきが生じるからだ。また、アパッチ族の社会は贈与経済の上に成り立っており、ネビンズのような来訪者も含めた全員が資源を共有する決まりとなっている。

スコット・ゼッシュ（Scott Zesch）著、*The Captured: A True Story of Abduction by Indians on the Texas Frontier*（New York : St. Martin's Press, 2004）は、アメリカ南西部のインディアンと白人入植者間の文化的衝突を描いた興味深い一冊。ゼッシュの先祖の中に、子どもの頃アメリカ先住民族の一団に誘拐された人がいるという。

南米先住民族が築いた2つの帝国、アステカとインカは、一般に想像されている以上に複雑な国家であった。政治体制は、ある意味でローマ帝国と似ており、全国規模の税制が敷かれ奴隷制度もあった。また、反体制的な独立勢力を帝国内に抱えていた点もローマ帝国と類似している。こうした独立勢力の一部は、コルテスのような征服者と結託し、政権の転覆に加担した。コルテスがテノチティトランに対して抱いた印象については、エドゥアルド・マトス・モクテズマ（Eduardo Matos Moctezuma）、フェリペ・ソリス・オルギン（Felipe Solis Olguin）共編の *Aztecs* (London：Royal Academy Books, 2003), pp. 16–17. に記述が見られる。植民地時代以前のアステカとインカの社会的・日常的生活を扱った書籍は多数あるが、ここでは以下の2冊を紹介しておく。1冊は *The Indian in Latin American History: Resistance, Resilience, and Acculturation*, edited by John E. Kicza (Wilmington, Del.：Scholarly Resources, 1993)。もう1冊が、Warwick Bray, *Everyday Life of the Aztecs* (New York：Peter Bedrick Books, 1991)。

音楽業界に関する情報、並びに音楽業界と海賊版との争いに関する情報は『ローリング・ストーン』誌（*Rolling Stone*）２００５年6月16日号に掲載されたスティーブ・ノッパー（Steve Knopper）の"What Happens When the Record Biz Sues You"、及び『フォーチュン』誌（*Fortune*）２００４年2月16日号に掲載されたダニエル・ロス（Daniel Roth）の"Catch Us if You Can"から得た。

第2章　クモ、ヒトデ、インターネットの社長

ヒトデの分散型の神経系についてより詳しく知るには、ジョナサン・デール（Jonathan Dale）のウェブサイトがお薦め。有益な情報が簡潔に示されている（http://www.vsf.cape.

com/~jdale/science/nervous.htm)。「エッジ・オブ・リーフ（Edge of Reef）」のサイトではヒトデの再生能力について学べる他、長い腕をもつヒトデ、リンキアの写真も見られる（http://www.edge-of-reef.com/asteroidi/asteroidien.htm)。

ウィリー・ドライ（Willie Drye）著、*Storm of the Century：The Labor Day Hurricane of 1935*（Washington, D.C.：National Geographic Society, 2002）（労働者の日のハリケーン）がフロリダキーズを襲った際の出来事の記録。1935年のレイバー・デー・ハリケーンは、現地の考え方、遠く離れた政府の意思決定権者たちの様子、そしてそれに続く官僚的な混乱の有様が描かれている。

第3章　ヒトデだらけの海

クレイグズリスト上の取引に関する記述は、『ビジネスウィーク』（*Business Week*）誌2005年8月15日号と、クレイグズリストのサイト上の公開資料に基づく。

ヴィレッジ・ヴォイス・メディアとニュー・タイムズ・コーポレーションの合併交渉は、2005年10月24日に「ヴィレッジ・ヴォイス・メディアとニュー・タイムズ・メディア合併へ」（"Village Voice Media and New Times Media to Merge."）と題されたヴィレッジ・ヴォイス・メディアのプレスリリースで公表された。

グリン・ムーディ（Glyn Moody）は、著書、*Rebel Code: Linux and the Open Source*

Revolution（Boulder, Colo.：Perseus Books Group, 2001、邦題『ソースコードの反逆――Linux開発の軌跡とオープンソース革命――』グリン・ムーディ著、小山裕司監訳、アスキー、2002年）において、アパッチ・ソフトウェア開発の経緯について述べている。

ウィキペディアの正確性に関する調査結果は、『ネイチャー』誌（*Nature*）2005年12月14日号掲載のジム・ジャイルズ（Jim Jiles）の記事"Internet Encyclopedias Go Head to Head"による。

第4章　5本の足で立つ

グランビル・シャープとトマス・クラークソンの関係については、アダム・ホックシールド（Adam Hochschild）の著書、*Bury the Chains*（Boston：Houghton Mifflin, 2005）が見事に描いている。同書は、初期の活動家たちの苦悩を中心に据えながら、奴隷制廃止運動の足跡を辿った一冊。

エリザベス・キャディ・スタントンとスーザン・B・アンソニーの公私にわたる協働については、ケン・バーンズ（Ken Burns）監督のドキュメンタリー映画、*Not for Ourselves Alone*がDVD、VHSビデオで入手可能。バーンズとジェフリー・C・ウォード（Geoffrey C. Ward）の共著で同じタイトルの*Not for Ourselves Alone: The Story of Elizabeth Cady Stanton and Susan B. Anthony*（New York：Alfred A. Knopf, 1999）では、さらに詳細な情報が得られる。エリザベス・キャディ・スタントンの言葉は、彼女の自叙伝、*Eighty Years and More*（1898; reprint, Humanity Books, 2002）から。彼女は同書で女性の権利についての政治的見解を織り交ぜつつ、自身の人生を語っている。スタントンの最も優れた言葉に触れられるのが、彼女のスピーチ“Solitude of Self”で、書籍としても出版されている。このスピーチの中で彼女は、経済的な意味でも実存的な意味でも、どうすれば自分たちは自立できるかを、女性自身が知ることが重要だと訴えている。*The Woman's Bible*（1895; reprint, New York：Dover Publications, 2003）では、スタントンのウィットと知的な批判精神を味わえる。出版当時は人気を博し、それまで当たり前のこととして受け入れられていた女性の役割に疑問を投げかけ、当時の既成概念に挑んだ作品だ。

第5章　触媒の秘めたる力

ＹＰＯ（Young Presidents' Organization）の歴史は、パット・マクニーズ（Pat McNees）著、*YPO: The First Fifty Years*（Wilmington, Ohio：Orange Frazer Press, 1999）で詳しく述べられている。

心理学者カール・ロジャーズは、セラピストとクライアントが互いに敬意と尊厳をもって関わることを提唱する人間性心理学の草分け的存在。この流派の臨床家は、専門家である自分が何でも知っているという態度はとらず、クライアントが自分自身の人生の主役となり、自分自身の専門家となるのを目指している。ロジャーズは著書、*A Way of Being* (Boston : Houghton Mifflin, 1980、邦題『人間尊重の心理学──わが人生と思想を語る』カール・R・ロジャーズ著、畠瀬直子訳、創元社、2007年) で、自身の「人間中心」療法を詳しく解説し、純粋性を保ち、深いレベルで他者と交流することの重要性を説いている。

老子は古代中国の伝説的哲学者で『老子道徳経』を著した人物。道教の始祖と言われる。

第6章 分権型組織との対決

イングリッド・ニューカーク (Ingrid Newkirk) がALFの活動を紹介した本は *Free the Animals: The Amazing Story of the Animal Liberation Front* (New York : Lantern Books, 2000)。

グレート・バリア・リーフで大発生したヒトデと戦う科学者は、CRCリーフ研究センターのCEO、ラッセル・ライケルト (Russell Reichelt)。彼の業績については以下のサイトで確認できる。http://www.reef.crc.org/au/about/staffdocs/RussellReichelt.html.

キベラのスラムにあるアルカイダの下部組織の話にジョセフという男性が登場するが、身元が判明しないよう仮名にしてある。

ムハマド・ユヌスはマイクロレンディング (少額融資) の父として高く評価される人物

で *Banker to the Poor: Micro-Lending and the Battle Against World Poverty*（New York：Public Affairs, 2003、邦題『ムハマド・ユヌス自伝：貧困なき世界をめざす銀行家』ムハマド・ユヌス、アラン・ジョリ著、猪熊弘子訳、早川書房、１９９８年）の著者。サム・デイリー＝ハリス（Sam Daley-Harris）編、*Pathways Out of Poverty: Innovations in Microfinance for the Poorest Families*（Bloomfield, Conn.：Kumarian Press, 2002）も多くの有益な情報を与えてくれる。*Housing Microfinance: A Guide to Practice*, edited by Franck Daphnis and Bruce Ferguson（Bloomfield, Conn.：Kumarian Press, 2004）は、貧困層に対する住宅金融の全体像がわかる優れた資料である。

アルカイダの組織構造と戦略に関する内部マニュアルは、警察がマンチェスターのアパートを急襲した際に押収したもの。翻訳が https://irp.fas.org/world/para/manualpart1.html で読める。

ＡＡのいわゆる『ビッグブック』の正式タイトルは *Alcoholics Anonymous: The Story of How Many Thousands of Men and Women Have Recovered from Alcoholism*, 4th ed.（New York：AA World Services, Inc., 2001、日本語版はＮＰＯ法人ＡＡ日本ゼネラルサービス（ＪＳＯ）で入手可能）。

トマス・バーネット（Thomas P. M. Barnett）著、*The Pentagon's New Map: War and Peace in the Twenty-first Century*（New York：Putnam, 2004、邦題『戦争はなぜ必要か』トマス・バーネ

ット著、新崎京介訳、講談社インターナショナル、2004年）は、環境を変えることでテロリズムと戦うという手法の中でも、特に優れた戦略について、詳しく述べられている。マフィアのたとえもバーネットが考えたもの。

第7章 コンボ・スペシャル：ハイブリッド型組織

イークラス229は、今でもデザイナーズブランドの服を信じられないほどの安さで提供している。筆者らはゼニアのスーツで大当たりして以来、友だちみんなにこの店を薦めている。

イーベイにおける肯定的フィードバックの価値については、ポール・レズニック（Paul Resnick）、リチャード・ゼックハウザー（Richard Zeckhauser）、ジョン・スワンソン（John Swanson）、ケイト・ロックウッド（Kate Lockwood）が2006年6月に『エクスペリメンタル・エコノミクス』誌（*Experimental Economics*）に発表した論文"The Value of Reputation on eBay：A Controlled Experiment"で論じられている。

グーグルの歴史の全体像については、ジョン・バッテル（John Battelle）著、*The Search――How Google and Its Rivals Rewrote the Rules of Business and Transformed Our Culture*（New York：Portfolio, 2005、邦題『ザ・サーチ グーグルが世界を変えた』ジョン・バッテル著、中谷和男訳、日系BP、2005年）を参照。

ＩＢＭが自社のソフトウェアの無料提供を決めた件については、デービッド・カークパトリック（David Kirkpatrick）が『フォーチュン』誌２００５年8月22日号の記事"Giving to Get More：IBM Shares Its Secrets"で語っている。

デービッド・クーパーライダーにはＡＩ（アプリシエイティブ・インクワイアリー）関連の多くの著作がある。以下はその一部。*Appreciative Inquiry: Rethinking Human Organization Toward a Positive Theory of Change*（Champaign, Ill.：Stipes Publishing, 1999）、*Appreciative Inquiry Handbook: The First in a Series of AI Workbooks for Leaders of Change*（Williston, Vt.：Berrett-Koehler, 2004）、*Organizational Dimensions of Global Change: No Limits to Cooperation*, edited by Daniel L. Cooperrider and Jane E. Dutton（Thousand Oaks, Calif.：Sage Publications, 1999）。

第8章　スイートスポットを探して

ピーター・ドラッカー(Peter Drucker）は著書*Concept of the Corporation*（New York：John Day Co., 1972、邦題『企業とは何か』Ｐ・Ｆ・ドラッカー著、上田惇生訳、ダイヤモンド社、２００８年)、pp. xxiv, 61でＧＭでの経験に触れ、ＧＭの分権的特徴や権力構造の主要ポイントについて述べている。*Adventures of a Bystander*（New York：John Wiley & Sons, 1994、邦題『傍観者の時代』Ｐ・Ｆ・ドラッカー著、上田惇生訳、ダイヤモンド社、２００８年）p. 11では、自身の人生を振り返り、影響を受けた人々について語っている。また *Management: Tasks, Responsibilities, Practices* (New York : Harper & Row, 1973、以下の邦訳は抜粋版。『マネジメント【エッセンシャル版】——基本と原則』P・F・ドラッカー著、上田惇生編訳、ダイヤモンド社、2001年), pp. 248, 572–74ではマネジメントにおける駆け引きに言及し、*The Frontiers of Management: Where Tomorrow's Decisions Are Being Shaped Today* (New York : Dutton, 1986、邦題『マネジメント・フロンティア——明日の行動指針』P・F・ドラッカー著、上田惇生・佐々木実智男訳、ダイヤモンド社、1986年), pp. 220–21, 224では、自身が日本企業に与えた影響を振り返っている。

トヨタが管理するGMの工場、NUMMIの経営面については、チャールズ・オライリー(Charles O'Reilly)が1998年にスタンフォード大学の評議会に提出したケース、"New United Motors Manufacturing, Inc. (NUMMI)"で論じられている。

第9章　新しい世界

ポール・スター(Paul Starr)著、*The Creation of the Media* (New York : Basic Books, 2004)はアメリカにおける分権化の歴史を詳しく解き明かした優れた作品で、メディア、郵便、運輸等に関するヨーロッパとアメリカの政策の違いを論じている。スターは国家の意思決定に関する情報を集め、分権化と中央集権化の両方の観点から評価を加えている。

謝辞

執筆作業のすべての段階で協力してくれたロム・ブラフマンの存在がなければ、本書が世に出ることはなかっただろう。

2005年、優れた著述家であるトーマス・バーネットが、彼の著作権エージェントであるザカリー・シュスター・ハームズワース社のジェニファー・ゲイツを紹介してくれた。たった一度話をしただけで、ジェニファーこそ、われわれの運命の人だと確信した。紹介してくれたトムにお礼を申し上げる。そして、さすがプロという仕事ぶりでわれわれを導き、温かく見守ってくれたジェニファーに感謝したい。

本書は分権化をテーマとした本だ。当然、本作りにも触媒が欠かせない。われわれの触媒は、ポートフォリオ社のメーガン・ケイシーだった。彼女がメリー・ポピンズのように、傘を差して新しい冒険へと旅立っていくと、彼女に代わってエイドリアン・シュルツが登場した。彼女の方は、これ以上望めないほどの推進者で、その熱意とサポートで、いつもわれわれを奮い立たせてくれた。エイドリアン・ザッカイムのリーダーシップの下、本書は次第に精彩を帯びてきた。オタクっぽい表現はやめた方がいい、とアドバイスしてくれた彼に感謝する。ポートフォリオ社チームのすべてのメンバー、ウィル・ワイザー、リズ・ヘイゼルトン、ブルース・ギフォーズ、シンディ・バック、ブレンダ・マホーツ、ニキル・サバールは、一緒に仕事をしていて本当に楽しい人たちだった。

いつもわれわれを支えてくれた家族には、まったく頭が上がらない。ヒラリー・ロバーツは、数え切れないほどの原稿に赤入れをしてくれた。パトリス、エリオット、エマは、本書を執筆する間ずっと、愛情の深さと理解を示してくれた。他では得がたいサポートと助言をくれた、それぞれの両親と義理の両親にも、心からお礼を言いたい。

われわれが長年にわたって仕事に打ち込めたのは、キャシー・スミスの助けがあればこそだ。幸いなことに、以下に名前を挙げる賢明な友人たちにも恵まれた。ジョスィン・ハース、マニュエル・リマ、トム・マリスカは、チームになくてはならない存在だった。デニース・エグリ、ジョシュ・ローゼンブルーム、マイケル・ブライヤー、サラ・オーセン、リズ・オドーネル、ロベルタ・バスキン、ワーナー・ディサ、マイケル・ダナハー、デイブ・ワラック、コート・ワージントン、キンバリー・カカーボ、ピーター・ビファー、エディ・スミス。それぞれの人から大変に貴重なフィードバックをいただいた。

自分のもつ知識や洞察を、われわれと共有するために時間を割いてくれたCEO、触媒、思想家の皆さんにも、心からの敬意を表したい。以下、そうした方々の名前を挙げさせていただく。クレイグ・ニューマーク、ジム・バックマスター、クリス・ゴログ、サム・イェーガン、オーレン・ホフマン、ジョシュ・セージ・ソーム、デボラ・アルバレス＝ロドリゲス、スチュアート・アルソップ、イングリッド・マンロー、ロビン・ウォラナー、トム・ネビンズ、デービッド・ブラッドフォード、ジグス・デイビス、デイブ・ギャリソン、ニクラス・ゼンストローム、デービッド・ドーマン、スコット・クック、ジミー・ウェールズ、スコット・マクニーリ、ダニエル・テイラー、ティム・ドレイパー、ブライアン・グリーンバーグ。

スタンフォード大学のウィリアム・バーネット教授、クリス・ウィング、ジェシー・レイバー、ジョセフ・モンテビル、デービッド・ブラッテ、デービッド・マーティン、ナンシー・ミラー、ジョン・ドア、ビノッド・コスラ、ロイ・ネイザー、ジョン・プリツカー、アドナン・アスダール、スーキー・シャー、アンディ・ラクレフ、バラット・ドシ、ボニー・セラトーリ、グレアム・パワー、マーク・シュロスバーグ、ロブ・ロダン、ノア・ケーガン、マイケル・ブラウン、そして、スタンフォード／YPOプラグラムの参加者たち。

現状を変え、より良い未来を目指す多くの触媒が、人々の注目を集めることもなく黙々と活動を続けている。そんな触媒の皆さんにも敬意を表したい。最後に、本書の出版のために力を貸してくれたすべての人々にお礼を申し上げる。

監修者あとがき

本書は2006年にアメリカで出版されたThe Starfish and the Spider（「ヒトデとクモ」）を翻訳したものです。2007年に日経BP社から『ヒトデはクモよりなぜ強い』という邦題で翻訳出版されていますが、しばらく入手が難しくなっていたため、このたび新訳で出版することにしました。

原書出版から15年経過した現在でも、内容は古びるどころか、その後の世界の状況は本書の予測した通りになっています。まさに今読まれるべき本であると思います。

タイトルにある「ヒトデ」とは分権型組織を意味し、それに対して「クモ」は中央集権型組織を意味します。本書の説明を見てみましょう。

クモは体の中心部に頭があり、8本の足が出ています。頭を切り落とせばクモは死んでしまいます。これに対して、一見似た構造に見えるヒトデの体の中心部は体の司令塔ではありません。クモには脳を頂点とするヒエラルキーがありますが、ヒトデには脳がなく、従ってヒエラルキーもないのです。
ヒトデの主な器官はそれぞれの腕の中にあります。ヒトデを半分に切ると、死ぬどころか2匹のヒトデとなって生き延びます。また、1本の腕を切ると新しい腕が生えてきます。ヒトデの種類によっては、切り落とした1本の腕から新しい1匹が生まれることさえあるそうです。

このようにヒトデは分権型のネットワークとして機能しています。ヒトデが動くためには1本の腕が別の腕を協力させなければなりません。

著者は本書において、ヒトデのような分権型組織がクモのような中央集権型組織よりも強いことをさまざまな事例とともに説明しています。

著者によれば、私たちは周囲の世界のあらゆるところにヒエラルキーを求めてしまう傾向があります。「誰が仕切っているのか」すなわち誰がヒエラルキーの頂点にいるリーダーなのか、どのようにその組織を統治しているのかに自然と目が向いてしまうのだというのです。

ヒエラルキーが存在しない場合、その組織あるいは社会は混乱し、カオス状態に陥るのではないかと思っていますが、本当にそうなのかと著者は問いかけます。そして、多くの分野で、ヒエラルキーがなく伝統的なリーダーシップが存在しないがゆえに、強力なグループが生まれていることを示します。

たとえば第1章は、本書の出版当時まさに同時進行していた、巨大エンターテインメントＭＧＭ対ファイル交換サービスを提供するグロックスターという小さな会社の裁判を語ることから始まります。

ファイル交換サービスとはＰ２Ｐという通信方式を利用して音楽や映画のファイルを無料で共有できるというものです。世界中でユーザーが音楽のファイルをシェアしたことによってＭＧＭはじめエンターテインメント企業は巨額の利益を失ったのです。ＭＧＭは多くの大企業を引き込んで訴訟を起こし、優秀な弁護団を雇って裁判で勝訴しました。

その数年前、１９９９年に一人の大学生がファイル交換サービスを思いつき、ナップスターという会社を起こしました。音楽ファイルの共有はまたたく間に広がってレコード会社に打撃を与えていました。この時もＭＧＭは訴訟を起こし、２０００年に勝訴しています。

このようにレコード会社側が勝訴を重ねているにもかかわらず、ファイルの共有は止まらず、むしろ状況は悪化していきました。

なぜ、このような事態に至ったのでしょうか。著者たちはその謎を解くカギを、アメリカ大陸の先住民であるアパッチ族の社会構造に見出します。

16世紀にスペイン軍はアステカ帝国とインカ帝国を滅ぼし、南米大陸の支配を確立しました。そして17世紀には北上してアパッチ族と戦うことになります。意外なことに、強大なスペイン軍は原始的な一部族にすぎないアパッチ族に敗れ続けました。

それは、アパッチ族が中央集権的ではなかったことによります。アパッチ族は政治権力を分散させていました。そこが中央集権の政治体制だったアステカとインカの両帝国とは違いました。

アパッチ族にはヒエラルキーも、明確にリーダーといえる人物も存在しません。意思決定を行う権限は全メンバーに与えられています。ルールも規範も存在していますが、これらに従うよう強制する人物はいません。アパッチ族にはいわゆる酋長は存在しませんでしたが、ナンタンと呼ばれる精神的・文化的な存在がいて、模範を示していました。部族のメンバーは自分がナンタンに従いたいから従うだけでした。

なお時代はずっと後になりますが、有名なジェロニモもナンタンの一人でした。ジェロニモは他のメンバーを指揮して戦ったのではなく、彼が一人で戦い始めたのを見て、周囲のメンバーは戦いに加わったのです。

スペイン軍がアパッチ族を攻撃し、ナンタンを一人殺しても新たなナンタンが出現します。スペイン軍が攻撃すればするほど、アパッチ族は分権化の度合いを強め、ますます強くなっていきました。

ヒトデとクモでいえば、スペイン軍とアステカ帝国はクモ型の中央集権型組織、アパッチ族はヒトデ型の分権型組織だといえます。

ＭＧＭをはじめ大手レコード会社はいわばスペイン軍であり、グロックスターやナップスターのようなＰ２Ｐサービス会社はアステカ帝国に例えることができます。ナップスターはレコード会社に比べれば分権型の組織ではありましたが、攻撃をやり過ごせるほどには分権化が進んでおらず、柔軟性にも欠けていたので、セントラルサーバーや経営陣を攻められると陥落してしまったのです。

しかし、Ｐ２Ｐサービス会社が倒産しても、無料で音楽を手に入れたいという人々の欲望は収まりませんでした。そこにカザーと呼ばれる新しいソフトが登場します。セントラルサーバーは存在せず、ユーザーは直接お互いのコンピュータにアクセスして音楽を入手できます。それでもレコード会社はカザーを追い詰め、訴訟を起こしますが、その後も次から次へと同様のサービスは生まれ、レコード会社とのいたちごっこを繰り広げます。

こうしたサービスは進化し、レコード会社にとってはさらに戦いにくい相手になっていきます。やがて誰が始めたかわからないサービスが始まり、攻撃さえできない状態となりました。この進化したサービスはまさにヒトデだといえます。

現在、音楽はネット上で無料で入手することが当たり前となり、レコード会社は別の形で利益を上げざるを得なくなってきています。ヒトデがクモを圧倒し、音楽業界が大きく変わってしまったのです。

このように本書ではヒトデ＝分権型組織の強さを説明していきます。この他に事例として紹介されるのは、ウィキペディアやアルカイダ、ＡＬＦ（動物解放戦線）などです。２０２１年の現在ならば、ウーバーのようなシェアリングエコノミーやブロックチェーンによる仮想通貨の発達などを代表例として挙げることができるでしょう。

しかし、既存の企業がいきなりヒトデ型になることは難しいし、果たしてメリットがあるのかと疑問をもつ読者もおられるでしょう。そこで著者はヒトデ型とクモ型それぞれの長所を取り入れた「ハイブリッド型」の企業が存在し、成功していることを紹介しています。

例としてはイーベイ、グーグル、ゼネラル・エレクトリック（ＧＥ）などが挙げられていますが、私たち日本人にとって馴染み深いのはトヨタでしょう。著者によれば、トヨタは分権化によって従業員の意欲と創造性を高め、一方で一貫性を保つのに必要な組織構造と管理体系を備えているということになります。

著者は、世界は分権化に向かっており、その流れは止めることができないと言います。現在、この状況はあらゆる分野で加速しています。完全にヒトデ型になることは難しいにせよ、少なくともヒトデ型を目指すことが企業にはますます必須の課題となるでしょう。

私は本書を読んだとき、私たちが提供しているコーチングは、企業で働く一人ひとりがアパッチ族のメンバーのようになることに役立つのではないかと感じました。彼らはジェロニモに命令されて動くのではなく、自分自身が選択して主体的に動く人々でした。そのようなアパッチ族は、ヒエラルキーの下で上官の命令によって動く軍隊に勝利を収めたのです。

私たちは、メンバーの主体化に向けてコーチングをおこなっています。そして、部外者の視点ではなく、自分も問題の一部分であるととらえ、主体性をもって組織を変えていく人を増やしていきます。

少数の強力なリーダーが引っ張る組織ではなく、数多くのメンバーが主体的に行動する組織になること。すなわちヒトデ型組織への変容に向けてコーチングをしていきたいと私は思っています。

読者の皆さんにとって本書が、ご自身の仕事や組織がクモなのかヒトデなのか、またど

のように変化していく必要があるのかを考える機会になれば嬉しい限りです。

２０２１年10月20日

株式会社コーチ・エィ 取締役 ファウンダー
伊藤 守

ピエール・オミダイア　211-213，270
ビル・ウィルソン　46，49-51，60，62，
95，117，118，125，199，270
フェリックス・メンデルスゾーン　54
ブライアン・ベーレンドルフ　90，118
フランシスコ・ピサロ　19
ポール・スター　260
マイケル・スタイプ　153
マイケル・パウエル　78，79
モンテスマ2世　19
ヨーゼフ・ヨアヒム　53-56
ラリー・サンガー　95，96
レオール・ジャコビ　128-130，135
老子　147

や行

役に立ちたいという欲求　159, 160
ヤフー　92, 216, 256, 257
ユーザー評価　213–215, 217, 218, 220, 250, 256

ら行

リナックス　93, 226, 227
リンキア　41
レイバー・デー・ハリケーン（労働者の日のハリケーン）　46, 266
連邦最高裁判所　12
ローマ帝国　69, 109
ロキシオ社　15

人名

アダム・ホックシールド　108
イツァーク・パールマン　54–56
イングリッド・ニューカーク　178
イングリッド・マンロー　188
ウィリアム・ウィルバーフォース　132
ウィリアム・ブレナン　12
ウォルト・ロックリー　98, 99
ウサマ・ビンラディン　8, 181, 184
エド・シーラン　46–48, 266
エリザベス・キャディ・スタントン　132
エルナン・コルテス　18
オーレン・ホフマン　140, 141, 147–152, 155–157, 159, 269
オプラ・ウィンフリー　221, 223
カール・ロジャーズ　161
グランビル・シャープ　108–110, 117, 120, 121, 123–128, 130, 131, 133, 134, 270
クリス・ゴログ　29
グリン・ムーディ　90
クレイグ・ニューマーク　8, 80–83, 85, 86, 118, 120, 263
ケン・スター　12
サム・イェーガン　31, 32
ジミー・ウェールズ　94, 95, 118, 141, 157, 164, 166, 267
ジム・バックマスター　81, 82, 85
ジェイミー・フレスコ　246, 247
ジェリー・レトビン　6
ジャクリーン・ミチャード　221, 222
ジャック・ウェルチ　230, 231, 272
ジャレド・ダイアモンド　219
ジュリー・アンドリュース　118
ショーン・ファニング　7, 15, 55, 211
ジョシュ・セージ　140, 141, 152, 153, 159, 160, 164–167, 269
ジョナサン・ストロング　108, 109
スーザン・B・アンソニー　135–137
スコット・クック　116, 223
スコット・マクニーリ　227
デイブ・ギャリソン　36, 60, 88, 184, 210, 262
ティム・ドレイパー　231
デービッド・クーパーライダー　233, 234
デービッド・ケンドル　12
デービッド・ドーマン　78, 79
デービッド・マーティン　153–155, 163, 269
デボラ・アルバレス＝ロドリゲス　144–147, 154, 163, 164, 167, 170
トーマス・エジソン　54
トマス・クラークソン　127, 128, 130–133, 135
トム・ネビンズ　17, 18, 21–23, 41–42, 44, 141, 197, 198
ドン・ベリリ　12, 14, 17, 26, 29, 33
ナンシー・レーガン　196
ニクラス・ゼンストローム　27, 74
ニッキ・ヘミング　74
ピーター・ドラッカー　238

147, 154, 170
クレイグズリスト　8, 80, 82-85, 87, 88, 112, 118, 120, 250
グロックスター　13, 18, 26, 29, 33
ケニア　182, 186-188, 203
検索業界　257

さ行

サークル　111-115
サンフランシスコの児童・青年・家族局　144
サン・マイクロシステムズ　225, 278
ジェロニモ　24, 91
市民的不服従　176, 177
ジャミイ・ボラ・トラスト　188-190, 192, 194, 270
出品手数料　216
シリコンバレー　149, 248
シリコン・フォーラム　149
スイートスポット　235, 247, 248, 250-252, 254-257
スー族　21
スカイプ　74, 76-80, 126, 218, 232, 255, 263, 264, 272
スクレイピング　88
ストーンブリック社　149
ゼネラル・エレクトリック（GE）　230
贈与経済　104, 115, 267
『ソースコードの反逆』（ムーディ）　90
ソビエト連邦　68, 260

た行

タックスオールマナック・ドット・オーグ　224
チヌーク外交　192
中央集権化　22, 54, 56, 75, 184, 197
テノチティトラン　18, 19, 23, 26, 27
トヨタ　102, 242-248, 251, 267
奴隷制廃止運動　120, 121, 124, 130-134
ドレイパー・フィッシャー・ジャーベットソン（DFJ）　231, 232

な行

ナップスター　15, 26, 27, 29-33, 51, 55-57, 202, 211, 252, 255, 268
ナンタン　23-25, 27, 29, 42, 60, 61, 62, 91, 117
『ネイチャー』　97
ネットコム　36
ネットスケープ　89, 92, 93, 211
ネットワーク効果　217, 264, 265

は行

バーニングマン　101-104, 106, 114, 201, 267
ハーバード大学　213, 217
ハイブリッド型組織　214, 218, 229
パキスタン　192, 193
バックページ・ドット・コム　87
バヌアツ　29, 74
ハリケーン・カトリーナ　48
ビッグブック　199, 200
ヒュドラー　268
婦人参政権運動　134, 135
フューチャー・ジェネレーションズ　191, 192
フロリダキーズ　46-48, 64, 203
ペイパル　215, 216, 256

ま行

マイクロソフト　82, 92, 93, 98, 121, 226
『メディアの創造』（スター）　260
『メリー・ポピンズ』　118, 119

英数字

AA（アルコホーリクス・アノニマス） 44-46, 49-52, 60-65, 67, 95, 96, 108, 112-115, 118, 122, 123, 125, 163, 182, 199-201, 255
ALF（動物解放戦線） 177-181, 185, 186, 270
AT&T 76, 78, 79, 179, 262
CEO 168, 169
CIOシンポジウム 149
FBI 178, 179, 185
GM 238-248, 251, 262, 272
IBM 93, 225, 226-229, 235, 242, 267
iTunes 253, 256
MGM 12, 14, 17, 18, 29, 32, 33, 40, 58, 59, 61, 68, 75, 200, 214, 261
NCSA 89-91
NUMMI 246-247
P2P 13, 16-17, 20, 21, 26, 31, 34, 51, 57, 58, 60, 62, 75, 180, 194, 206, 252, 254, 261
YPO（若手経営者機構） 154
9・11 9, 181, 184

あ行

『青く深く沈んで』（ミチャード） 222
アコーディオンの原理 53
アステカ 18-22, 26, 42, 269
アタワルパ 20
アップル 253, 254
アパッチ族 17, 20-25, 27-29, 42, 45, 50, 53, 60, 67, 69, 71, 111-113, 117, 122, 123, 180, 197-201
アフガニスタン 8, 181, 191, 192, 270
アプリシエイティブ・インクワイアリー 233-235
アマゾン 216, 218-221, 223, 229
荒らし 99-101
アルカイダ 181-185, 203-205, 255, 268
安全性 215, 250, 256
イークラス229 210, 213-215, 217
イードンキー 29-32
イーベイ 80, 211-218, 220, 223, 232, 235, 248-250, 256, 265
イーミュール 30-33, 51, 53, 55, 60-63, 69, 75, 113, 118, 123, 202, 215, 252, 253-255
イデオロギー 121-124, 128, 133-134
インカ 20, 21, 100
イントゥイット 116, 223-225, 229
ヴィーガン 129, 130
ウィキペディア 94-101, 113-116, 118, 122, 123, 141-143, 157, 164, 201
ヴィレッジ・ヴォイス・メディア 87
オープンソース 31, 93, 226-228
オックスフォード・グループ 125
オンセール 211, 212, 248-250

か行

カオスの力 265
カザー 27-31, 33, 51, 74-76, 78
カシミール地方 192
カスタマーレビュー 219
カリスマ性 128, 140, 189
『ガン・ホー』 247
『企業とは何か』（ドラッカー） 240
規模の経済 252
規模の不経済 262, 263
強制的組織 22, 23, 25, 59
グーグル 225-226, 229, 257
クエーカー 110, 123-127, 130, 131, 134
『Bury the Chains（鎖を葬れ）』（ホックシールド） 108
グッドウィル・インダストリーズ 144,

The Starfish and the Spider
ヒトデ型組織はなぜ強いのか

発行日　2021年11月20日　第1刷

Author　オリ・ブラフマン　ロッド・A・ベックストローム
Translator　大川修二（翻訳協力：株式会社トランネット www.trannet.co.jp）
Supervisor　伊藤守
Book Designer　tobufune 小口翔平　三沢稜

Publication　株式会社ディスカヴァー・トゥエンティワン
〒102-0093　東京都千代田区平河町2-16-1 平河町森タワー11F
TEL　03-3237-8321（代表）　03-3237-8345（営業）
FAX　03-3237-8323
https://d21.co.jp/

Publisher　谷口奈緒美
Editor　千葉正幸　安達正

Store Sales Company
安永智洋　伊東佑真　榊原僚　佐藤昌幸　古矢薫　青木翔平　青木涼馬　井筒浩　小田木もも
越智佳南子　小山怜那　川本寛子　佐竹祐哉　佐藤淳基　佐々木玲奈　副島杏南　高橋離乃　滝口景太郎
竹内大貴　辰巳佳衣　津野主揮　野村美空　羽地夕夏　廣内悠理　松ノ下直輝　宮田有利子　山中麻吏
井澤徳子　石橋佐知子　伊藤香　伊藤由美　葛目美枝子　鈴木洋子　畑野衣見　藤井かおり　藤井多穂子
町田加奈子

EPublishing Company
三輪真也　小田孝文　飯田智樹　川島理　中島俊平　松原史与志　磯部隆　大崎双葉　岡本雄太郎
越野志絵良　斎藤悠人　庄司知世　中西花　西川なつか　野﨑竜海　野中保奈美　三角真穂　八木眸
高原未来子　中澤泰宏　俵敬子

Product Company
大山聡子　大竹朝子　小関勝則　千葉正幸　原典宏　藤田浩芳　榎本明日香　倉田華　志摩麻衣　谷中卓
橋本莉奈　牧野類　三谷祐一　元木優子　安永姫菜　渡辺基志　安達正　小石亜季

Business Solution Company
蛯原昇　早水真吾　志摩晃司　野村美紀　林秀樹　南健一　村尾純司

Corporate Design Group
森谷真一　大星多聞　堀部直人　村松伸哉　井上竜之介　王廳　奥田千晶　佐藤サラ圭　杉田彰子
田中亜紀　福永友紀　山田諭志　池田望　石光まゆ子　齋藤朋子　竹村あゆみ　福田章平　丸山香織
宮崎陽子　阿知波淳平　伊藤花笑　岩城萌花　岩淵瞭　内堀瑞穂　遠藤文香　王玮祎　大野真里菜
大場美範　小田日和　金子瑞実　河北美汐　吉川由莉　菊地美恵　工藤奈津子　黒野有花　小林雅治
坂上めぐみ　佐瀬遥香　鈴木あさひ　関紗也乃　高田彩菜　瀧山響子　田澤愛実　巽菜香　田中真悠
田山礼真　玉井里奈　鶴岡蒼也　道玄萌　富永啓　中島魁星　永田健太　夏山千穂　平池輝　日吉理咲
星明里　峯岸美有　森脇隆登

Proofreader　文字工房燦光
DTP　株式会社RUHIA
Printing　シナノ印刷株式会社

ISBN978-4-7993-2793-7